어린 왕자와 함께 배우는 한국어

어린 왕자와 함께 배우는 한국어

발행일   2017년 11월 8일

지은이   JOHN LEE   감수 남혜(南惠)   삽화 강아영
펴낸이   손 형 국
펴낸곳   (주)북랩
편집인   선일영   편집 이종무, 권혁신, 최예은
디자인   이현수, 김민하, 한수희, 김윤주   제작 박기성, 황동현, 구성우
마케팅   김회란, 박진관, 김한결
출판등록 2004. 12. 1(제2012-000051호)
주소   서울시 금천구 가산디지털 1로 168, 우림라이온스밸리 B동 B113, 114호
홈페이지 www.book.co.kr
전화번호 (02)2026-5777   팩스 (02)2026-5747

ISBN   979-11-5987-796-4 14710(종이책)   979-11-5987-797-1 15710(전자책)
          979-11-5987-798-8 14710(set)

잘못된 책은 구입한 곳에서 교환해드립니다.
이 책은 저작권법에 따라 보호받는 저작물이므로 무단 전재와 복제를 금합니다.

이 도서의 국립중앙도서관 출판예정도서목록(CIP)은 서지정보유통지원시스템 홈페이지(http://seoji.nl.go.kr)와
국가자료공동목록시스템(http://www.nl.go.kr/kolisnet)에서 이용하실 수 있습니다.
(CIP제어번호 : CIP2017028751)

(주)**북랩** 성공출판의 파트너
북랩 홈페이지와 패밀리 사이트에서 다양한 출판 솔루션을 만나 보세요!

홈페이지 book.co.kr   •   블로그 blog.naver.com/essaybook   •   원고모집 book@book.co.kr

어린 왕자, 나
그리고
양

어린 왕자와 함께 배우는
한국어

小王子韩国语

JOHN LEE 지음/남혜(南惠) 감수

북랩 book Lab

저자 서문 作者序文

한국어, 그 중에서도 한국 사람이 실제 생활 속에서 말하는 표준어를 익히기 위해서는 몇 가지 필요한 것이 있습니다.
为了说一口标准又地道的韩国语, 有几点黄金法则：

첫째, 분석하며 읽는 것입니다.
언어를 잘 하기 위해서는 읽기를 빼놓을 수 없습니다.
많이 읽는 것도 물론 좋지만, 더욱 중요한 것은 하나하나의 문장을 정확하게 분석하며 읽는 것입니다.
한국어에서 분석하며 읽기란, 기본적으로 체언과 조사를 구분하고, 용언의 기본형을 파악하는 것이라 할 수 있습니다.
이렇게 할 때 문장의 뜻을 정확하게 이해할 수 있고, 또 부분을 활용하여 다른 문장을 만들 수 있습니다.

第一, 分析精读
为了提升语言的能力, 多做阅读非常的重要。
大量阅读也好, 但是更重要的是分析精读。
分析精读是什么呢？
区分名词和助词, 找出动词和形容词的基本型。
这样的话就可以正确地体会文章的内容, 并可以活用。

둘째, 높임법을 숙달하는 것입니다.

한국어의 높임법은 화자와 청자 간의 관계와 지위를 나타내 줍니다. 원래는 일곱 가지의 높임법(및 낮춤법)이 있지만, 현대 한국어에서 통상적으로 사용되는 것은 대략 네 가지입니다.

이 책에서는 모든 문장을 네 가지 높임법으로 표현했습니다. 아울러, 각 문장마다 네 가지 높임법을 병기하는 대신, 하나의 높임법으로 일단의 문장을 연속적으로 표기함으로써, 학습자가 각각의 높임법에 익숙해질 수 있도록 했습니다.

第二, 熟练敬语

韩国语的敬语是为了描述关系和身份。

原来有七级敬语形式, 现代韩国语最常使用的有四级。

因此我们给每个文章都加入了四级敬语方式,

并且把每一种敬语的表达方式集体打包练习,

方便大家自然而然地熟练各级敬语的用法

셋째, 연음되는 발음의 연습입니다.

중국어의 발음은 매 글자의 소리를 명확하게 내는 것을 기본으로 하지만, 한국어는 많은 경우 발음할 때 연음을 합니다.

이 연음에는 일반적인 규칙을 따르는 것도 있고, 예외적인 규칙을 따

르는 것도 있으며, 심지어 규칙에 안 맞음에도 불구하고 일반적인 한국의 표준어 화자가 통상적으로 그렇게 발음하기 때문에 자연스러운 발음으로 용인된 것도 있습니다.

그래서 이 책에서는 각 문장의 매 높임법 종류마다 실제 한국의 표준어 화자가 실생활에서 연음하여 발음하는 소리를 기재하여 보다 자연스런 한국어 발음을 연습할 수 있게 했습니다.

第三，练习连读

中文的发音强调清楚和规范，每一个字母要清楚地完整的发音。

但是韩国语连读的情况比较频繁。

因此把所有文章的连读发音标识出来，

帮助读者练习地道的韩国语发音。

이 책에 등장하는 높임법의 순서는 다음과 같습니다.

이 책에서는 중국인 화자의 이해를 돕기 위해 편의상 한국어의 대표적인 4가지 높임법 종류인 합쇼체, 해요체, 해체, 해라체를 각각 1, 2, 3, 4급 경어라고 칭합니다.

1급과 4급은 문어체에, 2급과 3급은 구어체에 주로 사용됩니다.

말을 할 때 구어체는 비교적 정감 있고 친밀한 관계에서, 문어체는 다소 공식적이고 사회적인 관계에서 사용합니다.

敬语的顺序：

1级和4级是书面语，2级和3级是口语。

口语用于有交情的关系，书面语则相反。

- 1급 경어: 친밀감보다는 존경을 표하고자 하는 윗사람에게, 직장 상사나 학교의 선생님, 또는 집단을 대상으로 말하거나 글을 쓸 때 주로 사용합니다.

- 2급 경어: 개인적으로 친밀한 윗사람에게,

- 3급 경어: 동년배인 친구나 동기, 혹은 후배에게,

- 4급 경어: 혼잣말하거나 글을 쓸 때 주로 사용합니다.

- 1级： 用于并不#亲密但是需要尊敬的长辈, 上司, 学校的老师, 面对公众的时候,

　　　 或是写作文体

- 2级： 关系亲密的长辈

- 3级： 同辈的朋友, 同学, 或是后辈

- 4级： 用于自言自语, 或是写作文体

★ 힌트: 보통, 개인적인 관계에서는 2급 경어를,

　　　　공식적인 자리에서는 1급 경어를 사용하면 무난합니다.

★ 提示: 通常情况下使用2级敬语

　　　　但是在公众面前请使用1级敬语

이 책을 읽는 분들이 어린 왕자 이야기와 함께 더욱 흥미있게 한국어를 공부할 수 있기를 바랍니다. 이 책이 한국어를 공부하는 여러분께 큰 도움이 될 수 있기를 진심으로 바랍니다.

감사합니다.

所以为大家预备了这本教材。

特别希望透过《小王子》这本书, 能够和大家一起更加有趣的学习韩国语。

忠心盼望这本书可以给韩国语学习者带来极大的帮助。

谢谢！

2017년 11월

JOHN LEE

감수자 서문 校对者序文

很荣幸能够有机会参与这本书的编辑，一路走来，看到作品的编写，翻译到出版！实在是满怀期待和感恩！

이 책의 편찬에 참가하게 된 것을 영광스럽게 생각합니다. 지금껏 계속 달려와서 이 작품이 집필되고 번역되어 출간되는 것을 보기에 이르렀습니다. 정말로 기대와 감사가 가득한 마음입니다.

也见证了本书作者为此付出的心血，怀揣着帮助华人学习韩国语的梦想，带着热情和坚持，经历了无数个日夜奋战，数不清的修改和编辑，才有了这部作品的问世！

이 책을 위해 심혈을 기울이고, 화인들의 한국어 학습을 돕겠다는 꿈을 품고 열정을 견지하며 무수한 낮과 밤을 분투했던 저자를 보았습니다. 수없이 많은 수정과 편집을 거친 이후에야 이 작품이 세상에 나오게 되었습니다.

虽然我们并不是专业语言学者，但是希望更多的在韩留学生，韩国语爱好者，以及多文化家庭子女能够更加轻松学习韩国语，因此尽我们最大的努力反复地推敲琢磨，力求用最通俗易懂的文字来表达和记录！

비록 우리가 언어를 전공한 학자는 아니지만, 보다 많은 한국 유학생들과 한국어 애호가 및 다문화가정의 자녀들이 보다 쉽게 한국어를 배울 수 있게 되기를 바랍니다. 이것이 우리가 최선의 노력으로 반복해서 퇴고하며, 가장 통속적이며 이해하기 쉬운 단어를 사용해서 표현하고 기록한 까닭입니다.

衷心希望这本书可以成为大家的帮助和祝福！

이 책이 모든 분들께 도움이 되고 축복이 되기를 마음 다해 소망합니다.

2017년 11월

남혜 南惠

목차

저자 서문 • 4

감수자 서문 • 8

첫 번째 날 • 13
두 번째 날 • 27
세 번째 날 • 41
네 번째 날 • 55
다섯 번째 날 • 67
여섯 번째 날 • 79
일곱 번째 날 • 91
여덟 번째 날 • 105
아홉 번째 날 • 119
열 번째 날 • 131

열한 번째 날 • 143
열두 번째 날 • 155
열세 번째 날 • 171
열네 번째 날 • 183
열다섯 번째 날 • 197
열여섯 번째 날 • 211
열일곱 번째 날 • 227
열여덟 번째 날 • 241
열아홉 째 날 • 257
스무 번째 날 • 267

부록_ 동사변화 • 279

作者序文 • 4

校对者序文 • 8

第一天 • 13
第二天 • 27
第三天 • 41
第四天 • 55
第五天 • 67
第六天 • 79
第七天 • 91
第八天 • 105
第九天 • 119
第十天 • 131

第十一天 • 143
第十二天 • 155
第十三天 • 171
第十四天 • 183
第十五天 • 197
第十六天 • 211
第十七天 • 227
第十八天 • 241
第十九天 • 257
第二十天 • 267

动词变形 • 279

첫 번째 날
第一天

여섯 살 때, 어떤 그림을 봤어요.
보아뱀이 짐승을 잡고 있는 그림이었어요.
보세요. 이게 그 그림이에요.

그 책에는 이렇게 써 있었어요.
"보아뱀은 짐승을 잡은 다음, 씹지 않고 통째로 삼킵니다. 그리고 나서 움직이지 못하고, 소화시키기 위해 육 개월 동안 잠을 잡니다."
계속 이 그림 생각이 났어요. 그래서 나중에 이 그림을 그렸어요.
이게 제 첫 번째 그림이에요. 이렇게 생겼어요.

六岁的时候，我看到了一幅画。

是蟒蛇正在抓捕野兽的图画。

看啊，这就是那副图画。

那本书里这样写着。

"蟒蛇抓住野兽之后，不咀嚼，一口吞下去，之后没有办法移动，为了消化需要冬眠六个月。"

不停地想起这幅图画，所以之后画了那幅画。

这就是我的第一幅图画，就这样出现了。

文章分析

001. 여섯 살 때, 어떤 그림을 봤어요.

여섯(六) 살(岁) 때(时候), 어떤(什么) 그림(画)을 봤어요(보다看到).

여섯 살 때, 어떤 그림을 **봤어요**.	看到了
여섯 살 때, 어떤 **그림을 봤어요**.	看到了画
여섯 살 때, **어떤 그림을 봤어요**.	看到了什么画
여섯 살 때, 어떤 그림을 봤어요.	六岁的时候, 看到了什么画
	六岁的时候, 我看到了一幅画。

002. 보아뱀이 짐승을 잡고 있는 그림이었어요.

보아뱀(蟒蛇)이 짐승(野兽)을 잡고(잡다抓住) 있는(있다在) 그림(画)이었어요(이다是).

보아뱀이 짐승을 잡고 있는 그림**이었어요**.	是
보아뱀이 짐승을 잡고 있는 **그림이었어요**.	是图画
보아뱀이 짐승을 **잡고 있는 그림이었어요**.	是正在抓住的图画
보아뱀이 **짐승을 잡고 있는 그림이었어요**.	是正在抓住野兽的图画
보아뱀이 짐승을 잡고 있는 그림이었어요.	是蟒蛇正在抓住野兽的图画
	是蟒蛇正在抓捕野兽的图画。

003. 보세요. 이게 그 그림이에요.

보세요.^{보다看} 이게^这 그^那 그림^画이에요.^{이다是}

보세요. 이게 그 그림이에요.	是
보세요. 이게 그 그림이에요.	是图画
보세요. 이게 그 그림이에요.	是那图画
보세요. 이게 그 그림이에요.	这是那图画
보세요. 이게 그 그림이에요.	看, 这是那副图画

看啊，这就是那副图画。

004. 그 책에는 이렇게 써 있었어요.

그^那 책^书에는^里 이렇게^{这样} 써^{쓰다写} 있었어요.^{있다在}

그 책에는 이렇게 써 있었어요.	在
그 책에는 이렇게 써 있었어요.	在写着
그 책에는 이렇게 써 있었어요.	这样在写着
그 책에는 이렇게 써 있었어요.	书里这样在写着
그 책에는 이렇게 써 있었어요.	那书里这样在写着

那本书里这样写着。

005. 보아뱀은 짐승을 잡은 다음, 씹지 않고 통째로 삼킵니다.

보아뱀^{蟒蛇}은 짐승^{野兽}을 잡은^{잡다抓住} 다음,^{之后} 씹지^{씹다咀嚼} 않고^{않다不} 통째^{整块}로^{以} 삼킵니다.^{삼키다吞下}

보아뱀은 짐승을 잡은 다음, 씹지 않고 통째로 **삼킵니다**.
吞下

보아뱀은 짐승을 잡은 다음, 씹지 않고 **통째로 삼킵니다**.
一口吞下

보아뱀은 짐승을 잡은 다음, **씹지 않고** 통째로 삼킵니다.
不咀嚼一口吞下

보아뱀은 짐승을 잡은 **다음,** 씹지 않고 통째로 삼킵니다.
之后, 不咀嚼, 一口吞下

보아뱀은 **짐승을 잡은** 다음, 씹지 않고 통째로 삼킵니다.
抓住野兽之后, 不咀嚼, 一口吞下

보아뱀은 짐승을 잡은 다음, 씹지 않고 통째로 삼킵니다.
蟒蛇抓住野兽之后, 不咀嚼, 一口吞下
蟒蛇抓住野兽之后, 不咀嚼, 一口吞下去。

006. 그리고 나서 움직이지 못하고, 소화시키기 위해 육 개월 동안 잠을 잡니다.

그리고 나서^{然后} 움직이지^{움직이다移动} 못^{不能} 하고,^{하다做} 소화시키기^{소화시키다消化} 위해^{为要} 육^{六} 개월^{个月} 동안^{期间} 잠^{觉}을 잡니다.^{자다睡}

그리고 나서 움직이지 못하고, 소화시키기 위해 육 개월 동안 잠을 **잡니다**.
睡

그리고 나서 움직이지 못하고, 소화시키기 위해 육 개월 동안 **잠을 잡니다**.
睡觉

그리고 나서 움직이지 못하고, 소화시키기 위해 **육 개월** 동안 잠을 잡니다.
睡觉六个月

그리고 나서 움직이지 못하고, **소화시키기 위해** 육 개월 동안 잠을 잡니다.
为要消化睡觉六个月

그리고 나서 움직이지 **못하고**, 소화시키기 위해 육 개월 동안 잠을 잡니다.
不能做, 为要消化睡觉六个月

그리고 나서 **움직이지** 못하고, 소화시키기 위해 육 개월 동안 잠을 잡니다.
不能移动, 为要消化睡觉六个月

그리고 나서 움직이지 못하고, 소화시키기 위해 육 개월 동안 잠을 잡니다.
然后不能移动, 为要消化睡觉六个月

之后没有办法移动, 为了消化需要六个月冬眠。

007. 계속 이 그림 생각이 났어요.

계속^{一直} 이^这 그림^画 생각^想이 났어요.^{나다起来}

계속 이 그림 생각이 났어요.	起来了
계속 이 그림 생각이 났어요.	想起来了
계속 이 그림 생각이 났어요.	想起来图画了
계속 이 그림 생각이 났어요.	想起来这图画了
계속 이 그림 생각이 났어요.	一直想起来这图画了

不停地想起这幅图画。

008. 그래서 나중에 이 그림을 그렸어요.

그래서^{所以} 나중에^{之后} 이^这 그림^画을 그렸어요.^{그리다画}

그래서 나중에 이 그림을 그렸어요.	画了
그래서 나중에 이 그림을 그렸어요.	画了画
그래서 나중에 이 그림을 그렸어요.	画了这画
그래서 나중에 이 그림을 그렸어요.	之后画了这画
그래서 나중에 이 그림을 그렸어요.	所以之后画了这画

所以之后画了那幅画。

009. 이게 내 첫 번째 그림이에요.

이게^(这) 내^(我的) 첫 번째^(第一个) 그림^(画)이에요.^(是)

이게 내 첫 번째 그림이에요.	是
이게 내 첫 번째 그림이에요.	是图画
이게 내 첫 번째 그림이에요.	是第一个图画
이게 내 첫 번째 그림이에요.	是我的第一个图画
이게 내 첫 번째 그림이에요.	这是我的第一个图画

这就是我的第一幅图画。

010. 이렇게 생겼어요.

이렇게^(这样) 생겼어요.^(생기다 出现)

이렇게 생겼어요.	出现了
이렇게 생겼어요.	这样出现了

就这样出现了。

1级敬语和连读

---

001. 여섯 살 때, 어떤 그림을 보았습니다.
001. 여서 쌀 때, 어떵 그리믈 보아씀니다.

002. 보아뱀이 짐승을 잡고 있는 그림이었습니다.
002. 보아배미 짐승을 잡꼬 인는 그리미어씀니다.

003. 보십시오. 이게 그 그림입니다.
003. 보십씨오. 이게 그 그리밈니다.

004. 그 책에는 이렇게 써 있었습니다.
004. 그 채게는 이러케 써 이써씀니다.

005. 보아뱀은 짐승을 잡은 다음, 씹지 않고 통째로 삼킵니다.
005. 보아배믄 짐승을 자븐 다음, 씹찌 안코 통째로 삼킴니다.

006. 그러고 나서 움직이지 못하고, 소화시키기 위해 육 개월 동안 잠을 잡니다.
006. 그러고 나서 움지기지 모타고, 소화시키기 위해 육 깨월 똥안 자믈 잠니다.

007. 계속 이 그림 생각이 났습니다.
007. 계속 이 그림 생가기 나씀니다.

008. 그래서 나중에 이 그림을 그렸습니다.
008. 그래서 나중에 이 그리믈 그려씀니다.

009. 이것이 저의 첫 번째 그림입니다.
009. 이거시 저에 처 뻔째 그리밈니다.

010. 이렇게 생겼습니다.
010. 이러케 생겨씀니다.

2级敬语和连读

001. 여섯 살 때, 어떤 그림을 봤어요.
001. 여서 쌀 때, 어떵 그리믈 봐써여.

002. 보아뱀이 짐승을 잡고 있는 그림이었어요.
002. 보아배미 짐승을 잡꼬 인는 그리미여써여.

003. 보세요. 이게 그 그림이에요.
003. 보세여. 이게 그 그리미에여.

004. 그 책에는 이렇게 써 있었어요.
004. 그 채게는 이러케 써 이써써여.

005. 보아뱀은 짐승을 잡은 다음, 씹지 않고 통째로 삼켜요.
005. 보아배믄 짐승을 자븐 다음, 씹찌 안코 통째로 삼켜여.

006. 그러고 나서 움직이지 못하고, 소화시키기 위해 육 개월 동안 잠을 자요.
006. 그러고 나서 움직이지 모타고, 소화시키기 위해 육 깨월 똥안 자믈 자여.

007. 계속 이 그림 생각이 났어요.
007. 계속 이 그림 생가기 나써여.

008. 그래서 나중에 이 그림을 그렸어요.
008. 그래서 나중에 이 그리믈 그려써여.

009. 이게 제 첫 번째 그림이에요.
009. 이게 제 처 뻔째 그리미에여.

010. 이렇게 생겼어요.
010. 이러케 생겨써여.

3级敬语和连读

---

001. 여섯 살 때, 어떤 그림을 봤어.
001. 여서 쌀 때, 어떵 그리믈 봐써.

002. 보아뱀이 짐승을 잡고 있는 그림이었어.
002. 보아배미 짐승을 잡꼬 인는 그리미어써.

003. 봐. 이게 그 그림이야.
003. 봐. 이게 그 그리미야.

004. 그 책에는 이렇게 써 있었어.
004. 그 채게는 이러케 써 이써써.

005. 보아뱀은 짐승을 잡은 다음, 씹지 않고 통째로 삼켜.
005. 보아배믄 짐승을 자븐 다음, 씹찌 안코 통째로 삼켜.

006. 그러고 나서 움직이지 못하고, 소화시키기 위해 육 개월 동안 잠을 자.
006. 그러고 나서 움지기지 모타고, 소와시키기 위해 유 깨월 똥안 자믈 자.

007. 계속 이 그림 생각이 났어.
007. 계속 이 그림 생가기 나써.

008. 그래서 나중에 이 그림을 그렸어.
008. 그래서 나중에 이 그리믈 그려써.

009. 이게 내 첫 번째 그림이야.
009. 이게 내 처 뻔째 그리미야.

010. 이렇게 생겼어.
010. 이러케 생겨써.

4级敬语和连读

_____

001. 여섯 살 때, 어떤 그림을 보았다.
001. 여서 쌀 때, 어떵 그리믈 보아따.

002. 보아뱀이 짐승을 잡고 있는 그림이었다.
002. 보아배미 짐승을 잡꼬 인는 그리미어따.

003. 보아라. 이게 그 그림이다.
003. 보아라. 이게 그 그리미다.

004. 그 책에는 이렇게 써 있었다.
004. 그 채게는 이러케 써 이써따.

005. 보아뱀은 짐승을 잡은 다음, 씹지 않고 통째로 삼킨다.
005. 보아배믄 짐승을 자븐 다음, 씹찌 안코 통째로 삼킨다.

006. 그러고 나서 움직이지 못하고, 소화시키기 위해 육 개월 동안 잠을 잔다.
006. 그러고 나서 움지기지 모타고, 소화시키기 위해 육 깨월 똥안 자믈 잔다.

007. 계속 이 그림 생각이 났다.
007. 계속 이 그림 생가기 나따.

008. 그래서 나중에 이 그림을 그렸다.
008. 그래서 나중에 이 그리믈 그려따.

009. 이것이 내 첫 번째 그림이다.
009. 이거시 내 처 뻔째 그리미다.

010. 이렇게 생겼다.
010. 이러케 생겨따.

分析练习

001. 여섯 살 때, 어떤 그림을 봤어요.

翻译练习

여섯 살 때, 어떤 그림을 봤어요.
여섯 살 때, 어떤 그림을 봤어요.
여섯 살 때, 어떤 그림을 봤어요.
여섯 살 때, 어떤 그림을 봤어요.

敬语练习

009. 这就是我的第一个图画。

（1级敬语）

（2级敬语）

（3级敬语）

（4级敬语）

두 번째 날
第二天

내 그림을 어른들한테 보여 주었어요. 그리고 물어보았어요.
"이 그림 안 무서워요?"
어른들은 대답했어요.
"모자가 왜 무서워?"
이건 모자가 아니에요. 보아뱀이 코끼리를 삼킨 그림이에요.
그래서 다음엔 보아뱀의 속을 그렸어요. 어른들이 이해할 수 있게요.
어른들은 항상 설명이 필요해요.
제 두 번째 그림은 이렇게 생겼어요.

我给大人们看我的画,并且问他们。

"这副图画不害怕吗?"

大人们回答说,

"为什么害怕帽子?"

这不是帽子,是蟒蛇吞吃大象的图画。

所以接下来我画了蟒蛇的内部,为了让大人们可以理解。

大人们总是需要解释。

我第二幅图画长这个样子。

文章分析

011. 내 그림을 어른들한테 보여 주었어요. 그리고 물어보았어요.

내^{我的} 그림^画을 어른^{大人}들^们한테^给 보여^{보다看} 주었어요.^{주다给} 그리고^{并且} 물어^{묻다问} 보았어요.^{보다一下}

내 그림을 어른들한테 보여 주었어요. 그리고 물어보았어요.
                                                    问了一下
내 그림을 어른들한테 보여 주었어요. 그리고 물어보았어요.
                                                  并且问了一下
내 그림을 어른들한테 보여 주었어요. 그리고 물어보았어요.
                                              给了, 并且问了一下
내 그림을 어른들한테 보여 주었어요. 그리고 물어보았어요.
                                             给看了, 并且问了一下
내 그림을 어른들한테 보여 주었어요. 그리고 물어보았어요.
                                        给大人们看了, 并且问了一下
내 그림을 어른들한테 보여 주었어요. 그리고 물어보았어요.
                                   把我的画给大人们看了, 并且问了一下
                                   我给大人们看我的画, 并且问他们。

012. 이 그림 안 무서워요?

이^这 그림^画 안^不 무서워요?^{무섭다 害怕}

이 그림 안 무서워요?	害怕吗?
이 그림 안 무서워요?	不害怕吗?
이 그림 안 무서워요?	这图画不害怕吗?
	这副图画不害怕吗?

013. 어른들은 대답했어요.

어른^{大人}들^们은 대답했어요.^{대답하다 回答}

어른들은 대답했어요.	回答了
어른들은 대답했어요.	大人们回答了
	大人们回答说.

014. 모자가 왜 무서워?

모자^(帽子)가 왜^(为什么) 무서워?^(무섭다 害怕)

모자가 왜 무서워?	害怕吗?
모자가 왜 무서워?	为什么害怕?
모자가 왜 무서워?	为什么害怕帽子?
	为什么害怕帽子?

015. 이건 모자가 아니에요.

이건^(这) 모자^(帽子)가 아니에요.^(아니다 不是)

이건 모자가 아니에요.	不是
이건 모자가 아니에요.	不是帽子
이건 모자가 아니에요.	这不是帽子
	这不是帽子。

016. 보아뱀이 코끼리를 삼킨 그림이에요.

보아뱀^{蟒蛇}이 코끼리^{大象}를 삼킨^{삼키다吞下} 그림^画이에요.^{이다是}

보아뱀이 코끼리를 삼킨 그림이에요.	是
보아뱀이 코끼리를 삼킨 그림이에요.	是图画
보아뱀이 코끼리를 삼킨 그림이에요.	是吞下的图画
보아뱀이 코끼리를 삼킨 그림이에요.	是吞下大象的图画
보아뱀이 코끼리를 삼킨 그림이에요.	是蟒蛇吞下大象的图画
	是蟒蛇吞吃大象的图画。

017. 그래서 다음엔 보아뱀의 속을 그렸어요.

그래서^{所以} 다음^{下次}엔^에 보아뱀^{蟒蛇}의^的 속^{内部}을 그렸어요.^{그리다画}

그래서 다음엔 보아뱀의 속을 그렸어요.	画了
그래서 다음엔 보아뱀의 속을 그렸어요.	画了内部
그래서 다음엔 보아뱀의 속을 그렸어요.	把蟒蛇的内部画了
그래서 다음엔 보아뱀의 속을 그렸어요.	下次把蟒蛇的内部画了
그래서 다음엔 보아뱀의 속을 그렸어요.	所以下次把蟒蛇的内部画了
	所以接下来我画了蟒蛇的内部。

018. 어른들이 이해할 수 있게요.

어른^{大人}들^{们}이 이해할^{이해하다理解} 수^{办法} 있다^{有}게요.^{为了}

어른들이 이해할 수 있게요.	为了 有
어른들이 이해할 수 있게요.	为了 有办法
어른들이 이해할 수 있게요.	为了 有理解的办法=为了 可以理解
어른들이 이해할 수 있게요.	为了 大人们可以理解

为了让大人们可以理解。

019. 어른들은 항상 설명이 필요해요.

어른^{大人}들^{们}은 항상^{常常} 설명^{解释}이 필요해요.^{필요하다需要}

어른들은 항상 설명이 필요해요.	需要
어른들은 항상 설명이 필요해요.	需要解释
어른들은 항상 설명이 필요해요.	常常需要解释
어른들은 항상 설명이 필요해요.	大人们常常需要解释

大人们总是需要解释。

020. 내 두 번째 그림은 이렇게 생겼어요.

내(我的) 두 번째(第二个) 그림(画)은 이렇게(这样) 생겼어요.(생기다 出现)

내 두 번째 그림은 이렇게 생겼어요.	这样出现了
내 두 번째 그림은 이렇게 생겼어요.	图画这样出现了
내 두 번째 그림은 이렇게 생겼어요.	第二个图画这样出现了
내 두 번째 그림은 이렇게 생겼어요.	我的第二个图画这样出现了
	我第二幅图画长这个样子。

1级敬语和连读

011. 제 그림을 어른들에게 보여 주었습니다. 그리고 물어보았습니다.
011. 제 그리믈 어른드레게 보여 주어씀니다. 그리고 무러보아씀니다.

012. 이 그림 안 무섭습니까?
012. 이 그림 안 무섭씀니까?

013. 어른들은 대답했습니다.
013. 어른드른 대다패씀니다.

014. 모자가 왜 무섭습니까?
014. 모자가 왜 무섭씀니까?

015. 이것은 모자가 아닙니다.
015. 이거슨 모자가 아님니다.

016. 보아뱀이 코끼리를 삼킨 그림입니다.
016. 보아배미 코끼리를 삼킨 그리밈니다.

017. 그래서 다음에는 보아뱀의 속을 그렸습니다.
017. 그래서 다으메는 보아배메 소글 그려씀니다.

018. 어른들이 이해할 수 있도록 말입니다.
018. 어른드리 이해할 쑤 이또록 마림니다.

019. 어른들은 항상 설명이 필요합니다.
019. 어른드른 항상 설명이 피료함니다.

020. 저의 두 번째 그림은 이렇게 생겼습니다.
020. 저에 두 번째 그리믄 이러케 생겨씀니다.

2级敬语和连读

011. 내 그림을 어른들한테 보여 주었어요. 그리고 물어보았어요.
011. 내 그리믈 어른드란테 보여 주어써여. 그리고 무러보아써여.

012. 이 그림 안 무서워요?
012. 이 그림 안 무서워여?

013. 어른들은 대답했어요.
013. 어른드른 대다패써여.

014. 모자가 왜 무서워요?
014. 모자가 왜 무서워여?

015. 이건 모자가 아니에요.
015. 이건 모자가 아니에여.

016. 보아뱀이 코끼리를 삼킨 그림이에요.
016. 보아배미 코끼리를 삼킨 그리미에여.

017. 그래서 다음엔 보아뱀의 속을 그렸어요.
017. 그래서 다으멘 보아배메 소글 그려써여.

018. 어른들이 이해할 수 있게요.
018. 어른드리 이해할 쑤 익께여.

019. 어른들은 항상 설명이 필요해요.
019. 어른드른 항상 설명이 피료애여.

020. 제 두 번째 그림은 이렇게 생겼어요.
020. 제 두 번째 그리믄 이러케 생겨써여.

두 번째 날

3级敬语和连读

011. 내 그림을 어른들한테 보여 주었어. 그리고 물어보았어.
011. 내 그리믈 어른드란테 보여 주어써. 그리고 무러보아써.

012. 이 그림 안 무서워?
012. 이 그림 안 무서워?

013. 어른들은 대답했어.
013. 어른드른 대다패써.

014. 모자가 왜 무서워?
014. 모자가 왜 무서워?

015. 이건 모자가 아니야.
015. 이건 모자가 아니야.

016. 보아뱀이 코끼리를 삼킨 그림이야.
016. 보아배미 코끼리를 삼킨 그리미야.

017. 그래서 다음엔 보아뱀의 속을 그렸어.
017. 그래서 다으멘 보아배메 소글 그려써.

018. 어른들이 이해할 수 있게.
018. 어른드리 이해할 쑤 이께.

019. 어른들은 항상 설명이 필요해.
019. 어른드른 항상 설명이 피료애.

020. 내 두 번째 그림은 이렇게 생겼어.
020. 내 두 번째 그리믄 이러케 생겨써.

4级敬语和连读

011. 내 그림을 어른들한테 보여 주었다. 그리고 물어보았다.
011. 내 그리믈 어른드란테 보여 주어따. 그리고 무러보아따.

012. 이 그림 안 무서운가?
012. 이 그림 안 무서운가?

013. 어른들은 대답했다.
013. 어른드른 대다패따.

014. 모자가 왜 무서운가?
014. 모자가 왜 무서운가?

015. 이것은 모자가 아니다.
015. 이거슨 모자가 아니다.

016. 보아뱀이 코끼리를 삼킨 그림이다.
016. 보아배미 코끼리를 삼킨 그리미다.

017. 그래서 다음에는 보아뱀의 속을 그렸다.
017. 그래서 다으메는 보아배메 소글 그렸다.

018. 어른들이 이해할 수 있도록.
018. 어른드리 이해할 쑤 이또록.

019. 어른들은 항상 설명이 필요하다.
019. 어른드른 항상 설명이 피료하다.

020. 내 두 번째 그림은 이렇게 생겼다.
020. 내 두 번째 그리믄 이러케 생겨따.

分析练习

016. 보아뱀이 코끼리를 삼킨 그림이에요.

翻译练习

보아뱀이 코끼리를 삼킨 그림이에요.
보아뱀이 코끼리를 삼킨 그림이에요.
보아뱀이 코끼리를 **삼킨** 그림이에요.
보아뱀이 **코끼리를** 삼킨 그림이에요.
보아뱀이 코끼리를 삼킨 그림이에요.

敬语练习

014. 为什么害怕帽子？

（1级敬语）

（2级敬语）

（3级敬语）

（4级敬语）

세 번째 날
第三天

어른들은 뭐든지 그 자체로는 이해하지 못해요. 그건 아이들한테는 참 피곤한 일이에요.

어른들은 항상 설명을 해 줘야 돼요.

그래서 저는 여섯 살 때 화가라는 멋진 꿈을 버렸어요.

저는 다른 직업을 선택했어요. 비행기 조종사가 되었어요.

저는 대략 세계 모든 곳을 날아다녔어요.

그 다음부터 전 더 이상 보아뱀이나 별에 대해 이야기하지 않아요. 단지 그 사람이 이해할 수 있는 이야기를 해요.

예를 들어 정치나 골프 이야기요.

그럼 어른들은 말해요. 말이 통하는 사람을 만났다고요.

大人们总是不能够按照事物的本质去理解，这对于孩子们来说实在是很麻烦的事。

大人们常常需要解释。

所以我六岁的时候就放弃了成为画家的美好的梦想。

我选择了其他的职业，我成为了飞行员。

我大约飞到过世界各个地方。

从此以后我再也不问别人有关蟒蛇或是星星的话题，只是讲那个人可以理解的故事。

比如说政治或者是高尔夫。

那么大人们都会说，终于遇到了心灵相通的人。

文章分析

021. 어른들은 뭐든지 그 자체로는 이해하지 못해요.

어른^{大人}들^{们} 은 뭐^{什么}든지^{无论} 그^{那} 자체^{本来的样子}로는^{按照} 이해하지$^{이해하다 理解}$ 못해요.$^{못하다 不能}$

어른들은 뭐든지 그 자체로는 이해하지 못해요.
　　　　　　　　　　　　　　　　　　　不能理解
어른들은 뭐든지 그 자체로는 이해하지 못해요.
　　　　　　　　　　　　　按照那本来的样子　不能理解
어른들은 뭐든지 그 자체로는 이해하지 못해요.
　　　　　　　　　无论是什么 按照那本来的样子　不能理解
어른들은 뭐든지 그 자체로는 이해하지 못해요.
　　　　　　大人们　无论是什么 按照那本来的样子　不能理解
　　　　　　大人们总是不能够按照事物本来的样子去理解。

세 번째 날　43

022. 그건 아이들한테는 참 피곤한 일이에요.

그건^那 아이^{孩子}들^们한테는^{对于} 참^很 피곤한^{피곤하다疲劳} 일^事이에요.^{이다是}

그건 아이들한테는 참 피곤한 일이에요.	是事
그건 아이들한테는 참 피곤한 일이에요.	是疲劳的事
그건 아이들한테는 참 피곤한 일이에요.	是很疲劳的事
그건 아이들한테는 참 피곤한 일이에요.	对于孩子们来说是疲劳的事
그건 아이들한테는 참 피곤한 일이에요.	这对于孩子们来说是疲劳的事

这对于孩子们来说实在是很麻烦的事。

023. 어른들은 항상 설명을 해 줘야 돼요.

어른^{大人}들^们은 항상^{常常} 설명^{解释}을 해^{하다做} 줘^{주다给}야^才 돼요.^{되다行}

어른들은 항상 설명을 해 줘야 돼요.	行
어른들은 항상 설명을 해 줘야 돼요.	给才行
어른들은 항상 설명을 해 줘야 돼요.	给做才行
어른들은 항상 설명을 해 줘야 돼요.	给解释才行
어른들은 항상 설명을 해 줘야 돼요.	常常给解释才行
어른들은 항상 설명을 해 줘야 돼요.	大人们常常给解释才行

大人们常常需要解释。

024. 그래서 저는 여섯 살 때 화가라는 멋진 꿈을 버렸어요.

그래서[所以] 저[我]는 여섯[六] 살[岁] 때[时候] 화가[画家]라는 멋진[멋지다美好] 꿈[梦想]을 버렸어요.
버리다放弃

그래서 저는 여섯 살 때 화가라는 멋진 꿈을 버렸어요. 放弃了
그래서 저는 여섯 살 때 화가라는 멋진 꿈을 버렸어요. 放弃梦想了
그래서 저는 여섯 살 때 멋진 꿈을 버렸어요.
　　　　　　　　　　　　　　　　　　　放弃了美好的梦想
그래서 저는 여섯 살 때 화가라는 멋진 꿈을 버렸어요.
　　　　　　　　　　　　　　　　放弃了 成为画家的 美好的梦想
그래서 저는 여섯 살 때 화가라는 멋진 꿈을 버렸어요.
　　　　　　　　　　　　　　六岁的时候放弃了 成为画家的 美好的梦想
그래서 저는 여섯 살 때 화가라는 멋진 꿈을 버렸어요.
　　　　　　　　　　　　我六岁的时候放弃了 成为画家的 美好的梦想
그래서 저는 여섯 살 때 화가라는 멋진 꿈을 버렸어요.
　　　　　　　　　　所以我六岁的时候放弃了 成为画家的 美好的梦想
　　　　　　　　　　所以我六岁的时候就放弃了成为画家的美好的梦想。

025. 그래서 저는 다른 직업을 선택했어요.

그래서[所以] 저[我]는 다른[其他] 직업[职业]을 선택했어요.[선택하다选择]

그래서 저는 다른 직업을 선택했어요. 　选择了
그래서 저는 다른 직업을 선택했어요. 　选择职业了
그래서 저는 다른 직업을 선택했어요. 　选择了其他的职业

그래서 저는 다른 직업을 선택했어요.   我选择了其他的职业
그래서 저는 다른 직업을 선택했어요.   所以我选择了其他的职业
                                          我选择了其他的职业。

026. 비행기 조종사가 되었어요.

비행기^{飞机} 조종사^{驾驶员}가 되었어요.^{되다成为}

비행기 조종사가 되었어요.   成为了
비행기 조종사가 되었어요.   成为了驾驶员
비행기 조종사가 되었어요.   成为了飞机驾驶员
                                          我成为了飞行员。

027. 저는 대략 세계 모든 곳을 날아다녔어요.

저^我는 대략^{大略} 세계^{世界} 모든^{所有的} 곳^{地方}을 날아^{날다飞}다녔어요.^{다니다来往}

저는 대략 세계 모든 곳을 날아다녔어요.   飞到了
저는 대략 세계 모든 곳을 날아다녔어요.   飞到了所有的地方
저는 대략 세계 모든 곳을 날아다녔어요.   飞到了世界所有的地方
저는 대략 세계 모든 곳을 날아다녔어요.   大略飞到了世界所有的地方
저는 대략 세계 모든 곳을 날아다녔어요.   我大略飞到了世界所有的地方
                                          我大约飞到过世界各个地方。

028. 그 다음부터 전 더 이상 보아뱀이나 별에 대해 이야기하지 않아요.

그^{那} 다음^{以后}부터^{从} 전^{我} 더이상^{再也} 보아뱀^{蟒蛇}이나^{或} 별^{星星}에 대해^{关于} 이야기하지^{이야기하다说话} 않아요.^{않다不}

그 다음부터 전 더 이상 보아뱀이나 별에 대해 이야기하지 않아요.
　　　　　　　　　　　　　　　　　　　　　　　　　不说话
그 다음부터 전 더 이상 보아뱀이나 별에 대해 이야기하지 않아요.
　　　　　　　　　　　　　　　　　　　　　　不说关于星星的话
그 다음부터 전 더 이상 보아뱀이나 별에 대해 이야기하지 않아요.
　　　　　　　　　　　　　　　　　　　不说关于蟒蛇或星星的话
그 다음부터 전 더 이상 보아뱀이나 별에 대해 이야기하지 않아요.
　　　　　　　　　　　　　　　　　再也不说关于蟒蛇或星星的话
그 다음부터 전 더 이상 보아뱀이나 별에 대해 이야기하지 않아요.
　　　　　　　　　　　　　　　我再也不说关于蟒蛇或星星的话
그 다음부터 전 더 이상 보아뱀이나 별에 대해 이야기하지 않아요.
　　　　　　　　　　　　从此以后我我再也不说关于蟒蛇或星星的话
　　　　　　　　　　　　从此以后我再也不问别人有关蟒蛇或是星星的话题。

029. 단지 그 사람이 이해할 수 있는 이야기를 해요.

단지^(只是) 그^(那) 사람^(人)이 이해^(理解)할 수 있는^(할 수 있다可以) 이야기^(故事)를 해요^(하다做).

단지 그 사람이 이해할 수 있는 이야기를 해요.
                  做

단지 그 사람이 이해할 수 있는 이야기를 해요.
                 讲故事

단지 그 사람이 이해할 수 있는 이야기를 해요.
        讲有理解的办法的故事=讲可以理解的故事

단지 그 사람이 이해할 수 있는 이야기를 해요.
          讲那个人可以理解的故事

단지 그 사람이 이해할 수 있는 이야기를 해요.
        只是讲那个人可以理解的故事
        只是讲那个人可以理解的故事。

030. 예를 들어 정치나 골프 이야기요.

예^(例)를 들어^(들다举) 정치^(政治)나^(或) 골프^(高尔夫) 이야기^(故事)요.

예를 들어 정치나 골프 이야기요.   故事
예를 들어 정치나 골프 이야기요.   高尔夫的故事
예를 들어 정치나 골프 이야기요.   政治或高尔夫的故事
예를 들어 정치나 골프 이야기요.   举例 政治或高尔夫的故事
               比如说政治或者是高尔夫。

031. 그럼 어른들은 말해요. 말이 통하는 사람을 만났다고요.

그럼^{那么} 어른^{大人}들^{们}은 말해요. $^{说/说话}$말^{话}이 통하는$^{通/相通}$ 사람^{人}을 만났다고요.$^{遇到/见到}$

그럼 어른들은 말해요. 말이 통하는 사람을 만났다고요.
               遇到了

그럼 어른들은 말해요. 말이 통하는 사람을 만났다고요.
              遇到了人

그럼 어른들은 말해요. 말이 통하는 사람을 만났다고요.
             遇到了相通的人

그럼 어른들은 말해요. 말이 통하는 사람을 만났다고요.
            遇到了谈得来的人

그럼 어른들은 말해요. 말이 통하는 사람을 만났다고요.
          说, 遇到了谈得来的人

그럼 어른들은 말해요. 말이 통하는 사람을 만났다고요.
         大人们说, 遇到了谈得来的人

그럼 어른들은 말해요. 말이 통하는 사람을 만났다고요.
       那么大人们说, 遇到了谈得来的人
      那么大人们都会说, 终于遇到了心灵相通的人。

1级敬语和连读

021. 어른들은 무엇이든지 그 자체로는 이해하지 못합니다.
021. 어른드른 무어시든지 그 자체로는 이해하지 모탐니다.

022. 그것은 아이들에게는 참 피곤한 일입니다.
022. 그거슨 아이드레게는 참 피고난 이림니다.

023. 어른들은 항상 설명을 해 주어야 합니다.
023. 어른드른 항상 설명을 해 주어야 함니다.

024. 그래서 저는 여섯 살 때 화가라는 멋진 꿈을 버렸습니다.
024. 그래서 저는 여서 쌀 때 화가라는 머찐 꾸믈 버려씀니다.

025. 저는 다른 직업을 선택했습니다.
025. 저는 다른 지거블 선태캐씀니다.

026. 비행기 조종사가 되었습니다.
026. 비행기 조종사가 되어씀니다.

027. 저는 대략 세계 모든 곳을 날아다녔습니다.
027. 저는 대략 세계 모든 고슬 나라다녀씀니다.

028. 그 다음부터 저는 더 이상 보아뱀이나 별에 대해 이야기하지 않습니다.
028. 그 다음부터 저는 더 이상 보아배미나 벼레 대해 이야기하지 안씀니다.

029. 단지 그 사람이 이해할 수 있는 이야기를 합니다.
029. 단지 그 사라미 이해할 쑤 인는 이야기를 함니다.

030. 예를 들어 정치나 골프 이야기 말입니다.
030. 예를 드러 정치나 골프 이야기 마림니다.

031. 그럼 어른들은 말합니다. 말이 통하는 사람을 만났다고 말입니다.
031. 그럼 어른드른 마람니다. 마리 통하는 사라믈 만나따고 마림니다.

2级敬语和连读

021. 어른들은 뭐든지 그 자체로는 이해하지 못해요.
021. 어른드른 뭐든지 그 자체로는 이해하지 모태여.

022. 그건 아이들한테는 참 피곤한 일이에요.
022. 그건 아이드란테는 참 피고난 이리에여.

023. 어른들은 항상 설명을 해 줘야 돼요.
023. 어른드른 항상 설명을 해 줘야 돼여.

024. 그래서 저는 여섯 살 때 화가라는 멋진 꿈을 버렸어요.
024. 그래서 저는 여서 쌀 때 화가라는 머찐 꾸믈 버려써여.

025. 저는 다른 직업을 선택했어요.
025. 저는 다른 지거블 선태캐써여.

026. 비행기 조종사가 되었어요.
026. 비행기 조종사가 되어써여.

027. 저는 대략 세계 모든 곳을 날아다녔어요.
027. 저는 대략 세계 모든 고슬 나라다녀써여.

028. 그 다음부터 전 더 이상 보아뱀이나 별에 대해 이야기하지 않아요.
028. 그 다음부터 전 더 이상 보아배미나 벼레 대해 이야기하지 아나여.

029. 단지 그 사람이 이해할 수 있는 이야기를 해요.
029. 단지 그 사라미 이해할 쑤 인는 이야기를 해여.

030. 예를 들어 정치나 골프 이야기요.
030. 예를 드러 정치나 골프 이야기여.

031. 그럼 어른들은 말해요. 말이 통하는 사람을 만났다고요.
031. 그럼 어른드른 마래여. 마리 통아는 사라믈 만나따고여.

세 번째 날

3级敬语和连读

021. 어른들은 뭐든지 그 자체로는 이해하지 못해.
021. 어른드른 뭐든지 그 자체로는 이해하지 모태.

022. 그건 아이들한테는 참 피곤한 일이야.
022. 그건 아이드란테는 참 피고난 이리야.

023. 어른들은 항상 설명을 해줘야 돼.
023. 어른드른 항상 설명을 해줘야 돼.

024. 그래서 나는 여섯 살 때 화가라는 멋진 꿈을 버렸어.
024. 그래서 나는 여서 쌀 때 화가라는 머찐 꾸믈 버려써.

025. 나는 다른 직업을 선택했어.
025. 나는 다른 지거블 선태캐써.

026. 비행기 조종사가 되었어.
026. 비행기 조종사가 되어써.

027. 나는 대략 세계 모든 곳을 날아다녔어.
027. 나는 대략 세계 모든 고슬 나라다녀써.

028. 그 다음부터 난 더 이상 보아뱀이나 별에 대해 이야기하지 않아.
028. 그 다음부터 난 더 이상 보아배미나 벼레 대해 이야기하지 아나.

029. 단지 그 사람이 이해할 수 있는 이야기를 해.
029. 단지 그 사라미 이해할 쑤 인는 이야기를 해.

030. 예를 들어 정치나 골프 이야기.
030. 예를 드러 정치나 골프 이야기.

031. 그럼 어른들은 말해. 말이 통하는 사람을 만났다고.
031. 그럼 어른드른 마래. 마리 통하는 사라믈 만나따고.

4级敬语和连读

---

021. 어른들은 무엇이든지 그 자체로는 이해하지 못한다.
021. 어른드른 무어시든지 그 자체로는 이해하지 모탄다.

022. 그것은 아이들에게는 참 피곤한 일이다.
022. 그거슨 아이드레게는 참 피고난 이리다.

023. 어른들은 항상 설명을 해 주어야 한다.
023. 어른드른 항상 설명을 해 주어야 한다.

024. 그래서 나는 여섯 살 때 화가라는 멋진 꿈을 버렸다.
024. 그래서 나는 여서 쌀 때 화가라는 머찐 꾸믈 버려따.

025. 나는 다른 직업을 선택했다.
025. 나는 다른 지거블 선태캐따.

026. 비행기 조종사가 되었다.
026. 비행기 조종사가 되어따.

027. 나는 대략 세계 모든 곳을 날아다녔다.
027. 나는 대략 세계 모든 고슬 나라다녀따.

028. 그 다음부터 난 더 이상 보아뱀이나 별에 대해 이야기하지 않는다.
028. 그 다음부터 난 더 이상 보아배미나 벼레 대해 이야기하지 안는다.

029. 단지 그 사람이 이해할 수 있는 이야기를 한다.
029. 단지 그 사라미 이해할 쑤 인는 이야기를 한다.

030. 예를 들어 정치나 골프 이야기.
030. 예를 드러 정치나 골프 이야기.

031. 그럼 어른들은 말한다. 말이 통하는 사람을 만났다고.
031. 그럼 어른드른 말한다. 마리 통하는 사라믈 만나따고.

分析练习

023. 어른들은 항상 설명을 해 줘야 돼요.

翻译练习

어른들은 항상 설명을 해 줘야 돼요.
어른들은 항상 설명을 해 줘야 돼요.
어른들은 항상 설명을 해 줘야 돼요.
어른들은 항상 설명을 해 줘야 돼요.
어른들은 항상 설명을 해 줘야 돼요.
어른들은 항상 설명을 해 줘야 돼요.

敬语练习

025. 我选择了其他的职业。

（1级敬语）

（2级敬语）

（3级敬语）

（4级敬语）

네 번째 날
第四天

그래서 저는 혼자 살았어요.

그러다가 6년 전, 사막에 추락했어요.

엔진에 뭐가 들어갔었어요.

주변에 아무도 없었어요. 그래서 혼자 고쳐야 됐어요.

고치는 건 힘들었어요. 이건 죽느냐 사느냐의 문제였어요.

마실 물이 팔 일 치 밖에 없었거든요.

첫날, 사막 한가운데서 혼자 잤어요.

그러니까 제가 얼마나 놀랐을지 알겠어요?

새벽에 한 아이 웃음소리가 저를 깨웠을 때요.

所以我过着一个人的生活。

那样做的时候, 六年前, 我的飞机坠落在沙漠里。

引擎里有什么东西进去了。

周围没有任何人, 所以只能自己维修。

修理很不容易, 这关乎到生或死的问题。

因为可喝的水只能维持八天。

第一天, 独自睡在沙漠中间。

因此你知道我有多么的吃惊吗?

凌晨有一个小孩子的声音叫醒我的时候。

文章分析

032. 그래서 저는 혼자 살았어요.

그래서^{所以} 저^我는 혼자^{独自} 살았어요.^{살다 生活}

그래서 저는 혼자 살았어요.	生活
그래서 저는 혼자 살았어요.	独自生活
그래서 저는 혼자 살았어요.	我独自生活
그래서 저는 혼자 살았어요.	所以我独自生活

所以我过着一个人的生活。

033. 그러다가 육 년 전, 사막에 추락했어요.

그러다가^{那样做的时候} 육^六 년^年 전^前, 사막^{沙漠}에^里 추락했어요.^{추락하다 坠落}

그러다가 육 년 전, 사막에 추락했어요.	坠落了
그러다가 육 년 전, 사막에 추락했어요.	沙漠里坠落了
그러다가 육 년 전, 사막에 추락했어요.	六年前, 沙漠里坠落了
그러다가 육 년 전, 사막에 추락했어요.	

那样做的时候, 六年前, 沙漠里坠落了
那样做的时候, 六年前, 我的飞机坠落在沙漠里。

네 번째 날

034. 엔진에 뭐가 들어갔었어요.

엔진^{引擎}에^{里} 뭐^{什么}가 들어갔었어요.$^{들어가다 进去}$

엔진에 뭐가 들어갔었어요.	进去了
엔진에 뭐가 들어갔었어요.	什么进去了
엔진에 뭐가 들어갔었어요.	引擎里什么进去了

引擎里有什么东西进去了。

035. 주변에 아무도 없었어요.

주변^{周边}에^{里} 아무^{任何}도^{也} 없었어요.$^{없다 没有}$

주변에 아무도 없었어요.	没有
주변에 아무도 없었어요.	没有任何人
주변에 아무도 없었어요.	周边没有任何人

周围没有任何人。

036. 그래서 혼자 고쳐야 됐어요.

그래서^{所以} 혼자^{独自} 고쳐$^{고치다 维修}$야^{才} 됐어요.$^{되다 行}$

그래서 혼자 고쳐야 됐어요.	行
그래서 혼자 고쳐야 됐어요.	维修才行
그래서 혼자 고쳐야 됐어요.	独自维修才行
그래서 혼자 고쳐야 됐어요.	所以独自维修才行

所以只能自己维修。

037. 고치는 건 힘들었어요.

고치는^{고치다修理} 건^事 힘들었어요.^{힘들다难}

고치는 건 힘들었어요.	难
고치는 건 힘들었어요.	事很难
고치는 건 힘들었어요.	修理的事很难

修理很不容易。

038. 이건 죽느냐 사느냐의 문제였어요.

이건^这 죽느냐^{죽다死} 사느냐^{살다生}의^的 문제^{问题}였어요.^{이다是}

이건 죽느냐 사느냐의 문제였어요.	是问题
이건 죽느냐 사느냐의 문제였어요.	是关乎生的问题
이건 죽느냐 사느냐의 문제였어요.	是关乎死或生的问题
이건 죽느냐 사느냐의 문제였어요.	这是关乎死或生的问题

这关乎到生或死的问题。

네 번째 날

039. 마실 물이 팔 일 치 밖에 없었거든요.

마실^{마시다喝} 물^{水}이 팔^{八} 일^{日} 치^{份} 밖에^{以外} 없었^{없다没有}거든^{因为}요.

마실 물이 팔 일 치 밖에 없었거든요.	因为没有
마실 물이 팔 일 치 밖에 없었거든요.	因为以外没有=因为只有
마실 물이 팔 일 치 밖에 없었거든요.	因为只有八天的
마실 물이 팔 일 치 밖에 없었거든요.	因为水只有八天的
마실 물이 팔 일 치 밖에 없었거든요.	因为可喝的水八天份以外没有
	因为可喝的水只能维持八天。

040. 첫날, 사막 한가운데서 혼자 잤어요.

첫^{第一} 날^{日}, 사막^{沙漠} 한^{正}가운데^{中}서^{里} 혼자^{独自} 잤어요.^{자다睡}

첫날, 사막 한가운데서 혼자 잤어요.	睡了
첫날, 사막 한가운데서 혼자 잤어요.	独自睡了
첫날, 사막 한가운데서 혼자 잤어요.	在正中独自睡了
첫날, 사막 한가운데서 혼자 잤어요.	在沙漠的正中独自睡了
첫날, 사막 한가운데서 혼자 잤어요.	第一天, 在沙漠的正中独自睡了
	第一天, 独自睡在沙漠中间。

041. 그러니까 제가 얼마나 놀랐을지 알겠어요?

그러니까^{因此} 제^我가 얼마나^{多么} 놀랐을지^{놀라다吃惊} 알겠어요?^{알다知道}

그러니까 제가 얼마나 놀랐을지 알겠어요? 知道吗?
그러니까 제가 얼마나 놀랐을지 알겠어요? 知道吃惊的事吗?
그러니까 제가 얼마나 놀랐을지 알겠어요? 知道有多么的吃惊吗?
그러니까 제가 얼마나 놀랐을지 알겠어요? 知道我有多么的吃惊吗?
그러니까 제가 얼마나 놀랐을지 알겠어요? 因此知道我有多么的吃惊吗?
　　　　　　　　　　　　　　　　　　因此你知道我有多么的吃惊吗?

042. 새벽에 한 아이 웃음소리가 저를 깨웠을 때요.

새벽^{凌晨}에 한^{一个} 아이^{孩子} 웃음^笑소리^声가 저^我를 깨웠을^{깨우다叫醒} 때^{时候}요.

새벽에 한 아이 웃음소리가 저를 깨웠을 때요.
　　　　　　　　　　　　　　叫醒的时候
새벽에 한 아이 웃음소리가 저를 깨웠을 때요.
　　　　　　　　　　　　　　叫醒我的时候
새벽에 한 아이 웃음소리가 저를 깨웠을 때요.
　　　　　　　　　　　　　　笑声叫醒我的时候
새벽에 한 아이 웃음소리가 저를 깨웠을 때요.
　　　　　　　　　　　　　一个孩子的笑声叫醒我的时候
새벽에 한 아이 웃음소리가 저를 깨웠을 때요.
　　　　　　　　　　　凌晨一个孩子的笑声叫醒我的时候
　　　　　　　　　　　凌晨有一个小孩子的笑声叫醒我的时候。

네 번째 날

1级敬语和连读

032. 그래서 저는 혼자 살았습니다.
032. 그래서 저는 혼자 사라씀니다.

033. 그러다가 육 년 전, 사막에 추락했습니다.
033. 그러다가 육 년 전, 사마게 추라캐씀니다.

034. 엔진에 뭐가 들어갔었습니다.
034. 엔지네 뭐가 드러가써씀니다.

035. 주변에 아무도 없었습니다.
035. 주벼네 아무도 업써씀니다.

036. 그래서 혼자 고쳐야 했습니다.
036. 그래서 혼자 고쳐야 해씀니다.

037. 고치는 것은 힘들었습니다.
037. 고치는 거슨 힘드러씀니다.

038. 이것은 죽느냐 사느냐의 문제였습니다.
038. 이거슨 중느냐 사느냐에 문제여씀니다.

039. 마실 물이 팔 일 치 밖에 없었기 때문입니다.
039. 마실 무리 파 릴 치 바께 업써끼 때무님니다.

040. 첫날, 사막 한가운데서 혼자 잤습니다.
040. 천날, 사막 한가운데서 혼자 자씀니다.

041. 그러니까 제가 얼마나 놀랐을지 아시겠습니까?
041. 그러니까 제가 얼마나 놀라쓸찌 아시게씀니까?

042. 새벽에 한 아이 웃음소리가 저를 깨웠을 때 말입니다.
042. 새벼게 한 아이 우슴쏘리가 저를 깨워쓸 때 마림니다.

2级敬语和连读

032. 그래서 저는 혼자 살았어요.
032. 그래서 저는 혼자 사라써여.

033. 그러다가 육 년 전, 사막에 추락했어요.
033. 그러다가 융 년 전, 사마게 추라캐써여.

034. 엔진에 뭐가 들어갔었어요.
034. 엔지네 뭐가 드러가써써여.

035. 주변에 아무도 없었어요.
035. 주벼네 아무도 업써써여.

036. 그래서 혼자 고쳐야 했어요.
036. 그래서 혼자 고쳐야 해써여.

037. 고치는 건 힘들었어요.
037. 고치능 건 힘드러써여.

038. 이건 죽느냐 사느냐의 문제였어요.
038. 이건 중느냐 사느냐에 문제여써여.

039. 마실 물이 팔 일 치 밖에 없었거든요.
039. 마실 무리 파 릴 치 바께 업써꺼든녀.

040. 첫날, 사막 한가운데서 혼자 잤어요.
040. 천날, 사마 캉가운데서 혼자 자써여.

041. 그러니까 제가 얼마나 놀랐을지 알겠어요?
041. 그러니까 제가 얼마나 놀라쓸찌 알게써요?

042. 새벽에 한 아이 웃음소리가 저를 깨웠을 때요.
042. 새벼게 하 나이 우슴쏘리가 저를 깨워쓸 때여.

3级敬语和连读

032. 그래서 나는 혼자 살았어.
032. 그래서 나는 혼자 사라써.

033. 그러다가 육 년 전, 사막에 추락했어.
033. 그러다가 융 년 전, 사마게 추라캐써.

034. 엔진에 뭐가 들어갔었어.
034. 엔지네 뭐가 드러가써써.

035. 주변에 아무도 없었어.
035. 주벼네 아무도 업서써.

036. 그래서 혼자 고쳐야 했어.
036. 그래서 혼자 고쳐야 해써.

037. 고치는 건 힘들었어.
037. 고치능 건 힘드러써.

038. 이건 죽느냐 사느냐의 문제였어.
038. 이건 중느냐 사느냐의 문제여써.

039. 마실 물이 팔 일 치 밖에 없었거든.
039. 마실 무리 파 릴 치 바께 업써꺼든.

040. 첫날, 사막 한가운데서 혼자 잤어.
040. 천날, 사마 캉가운데서 혼자 자써.

041. 그러니까 내가 얼마나 놀랐을지 알겠어?
041. 그러니까 내가 얼마나 놀라쓸찌 알게써?

042. 새벽에 한 아이 웃음소리가 나를 깨웠을 때.
042. 새벼게 하 나이 우슴쏘리가 나를 깨워쓸 때.

4级敬语和连读

032. 그래서 나는 혼자 살았다.
032. 그래서 나는 혼자 사라따.

033. 그러다가 육 년 전, 사막에 추락했다.
033. 그러다가 융 년 전, 사마게 추라캐따.

034. 엔진에 뭐가 들어갔었다.
034. 엔지네 뭐가 드러가써따.

035. 주변에 아무도 없었다.
035. 주벼네 아무도 업써따.

036. 그래서 혼자 고쳐야 했다.
036. 그래서 혼자 고쳐야 해따.

037. 고치는 것은 힘들었다.
037. 고치는 거슨 힘드러따.

038. 이것은 죽느냐 사느냐의 문제였다.
038. 이거슨 중느냐 사느냐에 문제여따.

039. 마실 물이 팔 일 치 밖에 없었기 때문이다.
039. 마실 무리 파 릴 치 바께 업써끼 때무니다.

040. 첫날, 사막 한가운데서 혼자 잤다.
040. 천날, 사마 캉가운데서 혼자 자따.

041. 그러니까 내가 얼마나 놀랐을지 알겠나?
041. 그러니까 내가 얼마나 놀라쓸찌 알겐나?

042. 새벽에 한 아이 웃음소리가 나를 깨웠을 때.
042. 새벼게 한 아이 우슴쏘리가 나를 깨워쓸 때.

分析练习

036. 그래서 혼자 고쳐야 됐어요.

翻译练习

그래서 혼자 고쳐야 **됐어요**.
그래서 혼자 **고쳐야** 됐어요.
그래서 **혼자** 고쳐야 됐어요.
그래서 혼자 고쳐야 됐어요.

敬语练习

041. 因此你知道我有多么的吃惊吗?

（1级敬语）

（2级敬语）

（3级敬语）

（4级敬语）

다섯 번째 날
第五天

그 사람은 말했어요.

"저기, 양 좀 그려 줘."

"네?"

"양 좀 그려 줘."

저는 깜짝 놀랐어요. 꼭 번개에 맞은 것 같았어요.

저는 눈을 비볐어요. 그리고 잘 보았어요. 작은 사람 하나가 저를 유심히 보고 있었어요.

보세요. 제가 그린 그 애의 모습이에요.

那个人说,

"那个, 请给我画一下羊。"

"嗯?"

"请给我画一下羊。"

我大吃一惊。好像是被闪电击中一样。

我揉了揉眼睛。仔细地看了看。有一个小个子的人正在留心地看我。

看, 这就是我画的那个孩子的样子。

文章分析

043. 그 사람은 말했어요.

그^那 사람^人은 말했어요.^{말하다说}

그 사람은 말했어요.	说
그 사람은 말했어요.	那个人说

那个人说,

044. 저기, 양 좀 그려 줘.

저기,^{那个} 양^羊 좀^{一下} 그려^{그리다画} 줘.^{주다给}

저기, 양 좀 그려 줘.	请给我
저기, 양 좀 그려 줘.	请画给我
저기, 양 좀 그려 줘.	请画给我一下
저기, 양 좀 그려 줘.	请把羊画给我一下
저기, 양 좀 그려 줘.	那个, 请把羊画给我一下

那个, 请给我画一下羊。

045. 네?

嗯?

046. 양 좀 그려 줘.

양^羊 좀^一下 그려^그리다画 줘.^주다给

请给我画一下羊。

047. 저는 깜짝 놀랐어요.

저^我는 깜짝^一跳 놀랐어요.^놀라다吃惊

저는 깜짝 놀랐어요.   吃惊
저는 깜짝 놀랐어요.   大吃一惊
저는 깜짝 놀랐어요.   我大吃一惊

我大吃一惊。

048. 꼭 번개에 맞은 것 같았어요.

꼭^{正如} 번개^{闪电}에 맞은^{맞다挨打} 것^事 같았어요.^{같다像一样}

꼭 번개에 맞은 것 같았어요.	像一样
꼭 번개에 맞은 것 같았어요.	像挨打一样
꼭 번개에 맞은 것 같았어요.	像被闪电击中一样
꼭 번개에 맞은 것 같았어요.	好像被闪电击中一样

好像是被闪电击中一样。

049. 저는 눈을 비볐어요.

저^我는 눈^{眼睛}을 비볐어요.^{비비다揉}

저는 눈을 비볐어요.	揉
저는 눈을 비볐어요.	揉眼睛
저는 눈을 비볐어요.	我揉眼睛

我揉了揉眼睛。

050. 그리고 잘 보았어요.

그리고^{然后} 잘^{仔细地} 보았어요.^{보다看}

그리고 잘 보았어요.	看了
그리고 잘 보았어요.	仔细地看了
그리고 잘 보았어요.	然后仔细地看了

仔细地看了看。

051. 작은 사람 하나가 저를 유심히 보고 있었어요.

작은^{작다小} 사람^人 하나^{一个}가 저^{我}를 유심히^{留心地} 보고^{보다看} 있었어요^{있다在}.

작은 사람 하나가 저를 유심히 보고 있었어요.	在
작은 사람 하나가 저를 유심히 보고 있었어요.	正在看
작은 사람 하나가 저를 유심히 보고 있었어요.	正在留心地看
작은 사람 하나가 저를 유심히 보고 있었어요.	正在留心地看我
작은 사람 하나가 저를 유심히 보고 있었어요.	有一个人正在留心地看我
작은 사람 하나가 저를 유심히 보고 있었어요.	有一个小个子的人正在留心地看我

有一个小个子的人正在留心地看我。

052. 보세요. 제가 그린 그 애의 모습이에요.

보세요.^{보다看} 제^{我}가 그린^{그리다画} 그^那 애^{孩子}의^的 모습^{样子}이에요^{이다是}.

보세요. 제가 그린 그 애의 모습이에요.	是
보세요. 제가 그린 그 애의 모습이에요.	是样子
보세요. 제가 그린 그 애의 모습이에요.	是那个孩子的样子
보세요. 제가 그린 그 애의 모습이에요.	是画的那个孩子的样子
보세요. 제가 그린 그 애의 모습이에요.	是我画的那个孩子的样子
보세요. 제가 그린 그 애의 모습이에요.	看, 是我画的那个孩子的样子

看, 就是我画的那个孩子的样子。

다섯 번째 날

1级敬语和连读

043. 그 사람은 말했습니다.
043. 그 사라믄 마래씀니다.

044. 저, 양 좀 그려 주십시오.
044. 저, 양 좀 그려 주십씨오.

045. 예?
045. 예?

046. 양 좀 그려 주십시오.
046. 양 좀 그려 주십씨오.

047. 저는 깜짝 놀랐습니다.
047. 저는 깜짱 놀라씀니다.

048. 꼭 번개에 맞은 것 같았습니다.
048. 꼭 번개에 마즌 거 까타씀니다.

049. 저는 눈을 비볐습니다.
049. 나는 누늘 비벼씀니다.

050. 그리고 잘 보았습니다.
050. 그리고 잘 보아씀니다.

051. 작은 사람 하나가 저를 유심히 보고 있었습니다.
051. 자근 사람 하나가 저를 유시미 보고 이써씀니다.

052. 보십시오. 제가 그린 그 아이의 모습입니다.
052. 보십씨오. 제가 그린 그 아이에 모스빔니다.

2级敬语和连读

043. 그 사람은 말했어요.
043. 그 사라믄 마래써여.

044. 저기, 양 좀 그려 주세요.
044. 저기, 양 좀 그려 주세여.

045. 네?
045. 네?

046. 양 좀 그려 주세요.
046. 양 좀 그려 주세여.

047. 저는 깜짝 놀랐어요.
047. 저는 깜짝 놀라써여.

048. 꼭 번개에 맞은 것 같았어요.
048. 꼭 벙개에 마즌 거 까타써여.

049. 저는 눈을 비볐어요.
049. 저는 누늘 비벼써여.

050. 그리고 잘 보았어요.
050. 그리고 잘 보아써여.

051. 작은 사람 하나가 저를 유심히 보고 있었어요.
051. 자근 사람 하나가 저를 유시미 보고 이써써여.

052. 보세요. 제가 그린 그 애의 모습이에요.
052. 보세여. 제가 그링 그 애에 모스비에여.

다섯 번째 날 75

3级敬语和连读

043. 그 사람은 말했어.
043. 그 사라믄 마래써.

044. 저기, 양 좀 그려 줘.
044. 저기, 양 좀 그려 줘.

045. 응?
045. 응?

046. 양 좀 그려 줘.
046. 양 좀 그려 줘.

047. 나는 깜짝 놀랐어.
047. 나는 깜짱 놀라써.

048. 꼭 번개에 맞은 것 같았어.
048. 꼭 벙개에 마즌 걷 가타써.

049. 나는 눈을 비볐어.
049. 나는 누늘 비벼써.

050. 그리고 잘 보았어.
050. 그리고 잘 보아써.

051. 작은 사람 하나가 나를 유심히 보고 있었어.
051. 자근 사람 하나가 나를 유시미 보고 이써써.

052. 봐. 내가 그린 그 애의 모습이야.
052. 봐. 내가 그린 그 애에 모스비야.

4级敬语和连读

043. 그 사람은 말했다.
043. 그 사라믄 마래따.

044. 저, 양 좀 그려 주어라.
044. 저, 양 좀 그려 주어라.

045. 응?
045. 응?

046. 양 좀 그려 주어라.
046. 양 좀 그려 주어라.

047. 나는 깜짝 놀랐다.
047. 나는 깜짝 놀라따.

048. 꼭 번개에 맞은 것 같았다.
048. 꼭 벙개에 마즌 거 까타따.

049. 나는 눈을 비볐다.
049. 나는 누늘 비벼따.

050. 그리고 잘 보았다.
050. 그리고 잘 보아따.

051. 작은 사람 하나가 나를 유심히 보고 있었다.
051. 자근 사람 하나가 나를 유시미 보고 이써따.

052. 보아라. 내가 그린 그 아이의 모습이다.
052. 보아라. 내가 그링 그 아이에 모스비다.

分析练习

044. 저기, 양 좀 그려 줘.

翻译练习

저기, 양 좀 그려 줘.
저기, 양 좀 그려 줘.
저기, 양 좀 그려 줘.
저기, 양 좀 그려 줘.
저기, 양 좀 그려 줘.

敬语练习

052. 看，这就是我画的那个孩子的样子。

（1级敬语）

（2级敬语）

（3级敬语）

（4级敬语）

여섯 번째 날
第六天

저는 그 애를 보았어요.
기억해요?
저는 사막에 혼자 있었어요.
그 애는 길 잃은 것 같지 않았어요.
단지 좀 쓸쓸한 것 같았어요.
결국 그 애한테 말을 걸었어요. 이렇게 말했어요.
"그런데, 여기서 뭐 해?"
그 애는 조용하게, 하지만 아주 진지하게 말했어요.
"저기, 양 좀 그려 줘."
너무 많이 놀라면, 거절할 수가 없어요.
저는 종이하고 펜을 꺼냈어요.

我看到了那个孩子。
记得吗？我自己在沙漠里。
那个孩子不像是迷路。
只是好像有点寂寞。
最后我先和那个孩子搭话，这样说，
"可是，你在这里做什么？"
那个孩子很安静但是很认真地说，
"那个，请给我画一下羊。"
由于我太吃惊，没法拒绝他。
我拿出了纸和笔。

文章分析

053. 저는 그 애를 보았어요.

저^我는 그^那 애^{孩子}를 보았어요.^{보다 看到}

저는 그 애를 보았어요.　看到了
저는 그 애를 보았어요.　看到了那个孩子
저는 그 애를 보았어요.　我看到了那个孩子

　　　　　　　　　　　　　　　　我看到了那个孩子。

054. 기억해요?

기억해요?^{기억하다 记得}

기억해요?　记得吗?

　　　　　　　　　　　　　　　　记得吗?

055. 저는 사막에 혼자 있었어요.

저^我는 사막^{沙漠}에^里 혼자^{独自} 있었어요.^{있다在}

저는 사막에 혼자 있었어요.	在
저는 사막에 혼자 있었어요.	独自在
저는 사막에 혼자 있었어요.	独自在沙漠里
저는 사막에 혼자 있었어요.	我独自在沙漠里

我自己在沙漠里。

056. 그 애는, 길 잃은 것 같지 않았어요.

그^那 애^{孩子}는, 길^路 잃은^{잃다失} 것^事 같지^{같다像} 않았어요.^{않다不}

그 애는, 길 잃은 것 같지 않았어요.	不像
그 애는, 길 잃은 것 같지 않았어요.	不像迷路
그 애는, 길 잃은 것 같지 않았어요.	那个孩子不像迷路

那个孩子不像是迷路。

057. 단지 좀 쓸쓸한 것 같았어요.

단지^{只是} 좀^{有点} 쓸쓸한^{쓸쓸하다寂寞} 것^事 같았어요.^{같다好像}

단지 좀 쓸쓸한 것 같았어요.	好像

82　어린 왕자와 함께 배우는 한국어

단지 좀 쓸쓸한 것 같았어요.   好像寂寞
단지 좀 쓸쓸한 것 같았어요.   好像有点寂寞
단지 좀 쓸쓸한 것 같았어요.   只是好像有点寂寞

只是好像有点寂寞。

058. 결국 그 애한테 말을 걸었어요.

결국^{最后} 그^那 애^{孩子} 한테^给 말^话을 걸었어요.^{걸다搭}

결국 그 애한테 말을 걸었어요.   搭了
결국 그 애한테 말을 걸었어요.   搭了话
결국 그 애한테 말을 걸었어요.   搭了话给那个孩子
결국 그 애한테 말을 걸었어요.   最后搭了话给那个孩子

最后我先和那个孩子搭话, 这样说,

059. 그런데, 여기서 뭐 해?

그런데,^{可是} 여기서^{这里} 뭐^{什么} 해?^{하다做}

그런데, 여기서 뭐 해?   做什么?
그런데, 여기서 뭐 해?   在这里做什么?
그런데, 여기서 뭐 해?   可是, 在这里做什么?

可是, 你在这里做什么?

여섯 번째 날   83

060. 그 애는 조용하게, 하지만 아주 진지하게 말했어요.

그^那 애^{孩子}는 조용하게,^{조용하다安静} 하지만^{但是} 아주^很 진지하게^{진지하다认真} 말했어요.^{말하다说}

그 애는 조용하게, 하지만 아주 진지하게 말했어요.	认真地说
그 애는 조용하게, 하지만 아주 진지하게 말했어요.	很认真地说
그 애는 조용하게, 하지만 아주 진지하게 말했어요.	但是很认真地说
그 애는 조용하게, 하지만 아주 진지하게 말했어요.	安静地, 但是很认真地说
그 애는 조용하게, 하지만 아주 진지하게 말했어요.	那个孩子安静地, 但是很认真地说
	那个孩子很安静但是很认真地说,

061. 저기, 양 좀 그려 줘.

저기,^{那个} 양^羊 좀^{一下} 그려^{그리다画} 줘.^{주다给}

저기, 양 좀 그려 줘.	请画给我
저기, 양 좀 그려 줘.	请把羊画一下给我
저기, 양 좀 그려 줘.	那个, 请把羊画一下给我
	那个, 请给我画一下羊。

062. 너무 많이 놀라면, 거절할 수가 없어요.

너무^太 많이^多 놀라^{놀라다吃惊}면,^{如果} 거절^{拒绝} 할 수가 없어요.^{할 수 없다不能}

너무 많이 놀라면, 거절할 수가 없어요.	不能
너무 많이 놀라면, 거절할 수가 없어요.	不能拒绝
너무 많이 놀라면, 거절할 수가 없어요.	如果吃惊, 不能拒绝
너무 많이 놀라면, 거절할 수가 없어요.	如果多吃惊, 不能拒绝
너무 많이 놀라면, 거절할 수가 없어요.	如果太多吃惊, 不能拒绝

由于我太吃惊, 没法拒绝他。

063. 저는 종이하고 펜을 꺼냈어요.

저^我는 종이^纸하고^和 펜^笔을 꺼냈어요.^{꺼내다拿出}

저는 종이하고 펜을 꺼냈어요.	拿出了
저는 종이하고 펜을 꺼냈어요.	拿出笔了
저는 종이하고 펜을 꺼냈어요.	拿出了纸和笔
저는 종이하고 펜을 꺼냈어요.	我拿出了纸和笔

我拿出了纸和笔。

여섯 번째 날

1级敬语和连读

053. 저는 그 아이를 보았습니다.
053. 저는 그 아이를 보아씀니다.

054. 기억하십니까?
054. 기어카심니까?

055. 저는 사막에 혼자 있었습니다.
055. 저는 사마게 혼자 이써씀니다.

056. 그 아이는 길 잃은 것 같지 않았습니다.
056. 그 아이는 길 이른 거 까찌 아나씀니다.

057. 단지 좀 쓸쓸한 것 같았습니다.
057. 단지 좀 쓸쓰랑 거 까타씀니다.

058. 결국 그 아이에게 말을 걸었습니다. 이렇게 말했습니다.
058. 결국 그 아이에게 마를 거러씀니다. 이러케 마래씀니다.

059. 그런데, 여기서 뭐 하십니까?
059. 그런데, 여기서 뭐 하심니까?

060. 그 아이는 조용하게, 하지만 아주 진지하게 말했습니다.
060. 그 아이는 조용하게, 하지만 아주 진지하게 마래씀니다.

061. 저, 양 좀 그려 주십시오.
061. 저, 양 좀 그려 주십씨오.

062. 너무 많이 놀라면, 거절할 수가 없습니다.
062. 너무 마니 놀라면, 거저랄 쑤가 업씀니다.

063. 저는 종이하고 펜을 꺼냈습니다.
063. 저는 종이와 페늘 꺼내씀니다.

2级敬语和连读

053. 저는 그 애를 보았어요.
053. 저는 그 애를 보아써여.

054. 기억해요?
054. 기어캐여?

055. 저는 사막에 혼자 있었어요.
055. 저는 사마게 혼자 이써써여.

056. 그 애는 길 잃은 것 같지 않았어요.
056. 그 애는 기 리른 거 까찌 아나써여.

057. 단지 좀 쓸쓸한 것 같았어요.
057. 단지 좀 쓸쓰랑 거 까타써여.

058. 결국 그 애한테 말을 걸었어요. 이렇게 말했어요.
058. 결국 그 애안테 마를 거러써여. 이러케 마래써여.

059. 그런데, 여기서 뭐 하세요?
059. 그런데, 여기서 뭐 하세여?

060. 그 애는 조용하게, 하지만 아주 진지하게 말했어요.
060. 그 애는 조용아게, 하지만 아주 진지아게 마래써여.

061. 저기, 양 좀 그려 주세요.
061. 저기, 양 좀 그려 주세여.

062. 너무 많이 놀라면, 거절할 수가 없어요.
062. 너무 마니 놀라면, 거저랄 쑤가 업써여.

063. 저는 종이하고 펜을 꺼냈어요.
063. 저는 종이하고 페늘 꺼내써여.

여섯 번째 날　87

3级敬语和连读

053. 나는 그 애를 보았어.
053. 나는 그 애를 보아써.

054. 기억해?
054. 기어캐?

055. 나는 사막에 혼자 있었어.
055. 나는 사마게 혼자 이써써.

056. 그 애는 길 잃은 것 같지 않았어.
056. 그 애는 기 리른 거 까찌 아나써.

057. 단지 좀 쓸쓸한 것 같았어.
057. 단지 좀 쓸쓰랑 거 까타써.

058. 결국 그 애한테 말을 걸었어. 이렇게 말했어.
058. 결국 그 애안테 마를 거러써. 이러케 마래써.

059. 그런데, 여기서 뭐 해?
059. 그런데, 여기서 뭐 해?

060. 그 애는 조용하게, 하지만 아주 진지하게 말했어.
060. 그 애는 조용아게, 하지만 아주 진지아게 마래써.

061. 저기, 양 좀 그려 줘.
061. 저기, 양 좀 그려 줘.

062. 너무 많이 놀라면, 거절할 수가 없어.
062. 너무 마니 놀라면, 거저랄 쑤가 업써.

063. 나는 종이하고 펜을 꺼냈어.
063. 나는 종이아고 페늘 꺼내써.

4级敬语和连读

053. 나는 그 아이를 보았다.
053. 나는 그 아이를 보아따.

054. 기억하나?
054. 기어카나?

055. 나는 사막에 혼자 있었다.
055. 나는 사마게 혼자 이써따.

056. 그 아이는 길 잃은 것 같지 않았다.
056. 그 아이는 기 리른 거 까찌 않았다.

057. 단지 좀 쓸쓸한 것 같았다.
057. 단지 좀 쓸쓰랑 거 까타따.

058. 결국 그 아이에게 말을 걸었다. 이렇게 말했다.
058. 결국 그 아이에게 마를 거러따. 이러케 마래따.

059. 그런데, 여기서 뭐 하나?
059. 그런데, 여기서 뭐 하나?

060. 그 아이는 조용하게, 하지만 아주 진지하게 말했다.
060. 그 아이는 조용하게, 하지만 아주 진지하게 마래따.

061. 저, 양 좀 그려 주어라.
061. 저, 양 좀 그려 주어라.

062. 너무 많이 놀라면, 거절할 수가 없다.
062. 너무 마니 놀라면, 거저랄 쑤가 업따.

063. 나는 종이하고 펜을 꺼냈다.
063. 나는 종이와 페늘 꺼내따.

여섯 번째 날   89

分析练习

056. 그 애는, 길 잃은 것 같지 않았어요.

翻译练习

그 애는, 길 잃은 것 같지 않았어요.
그 애는, 길 잃은 것 같지 않았어요.
그 애는, 길 잃은 것 같지 않았어요.

敬语练习

063. 我拿出了纸和笔。

（1级敬语）

（2级敬语）

（3级敬语）

（4级敬语）

일곱 번째 날
第七天

그런데 어떡해요? 저는 양을 그려 본 적이 없어요.

그래서 생각했어요.

"그릴 수 있는 것을 그리는 것이 낫겠다."

그래서 전 보아뱀의 겉모습을 그렸어요.

그 애의 대답을 듣고, 저는 깜짝 놀랐어요.

"아니야. 아니야. 보아뱀 속의 코끼리는 필요 없어. 보아뱀은 위험하고 코끼리는 너무 커. 내 집은 작아. 나는 양이 필요해. 양 좀 그려줘."

그래서 저는 다시 그렸어요.

但是那怎么办？我从没有画过羊。

所以我想,

"画我可以画的, 这样会更好。"

所以我画了蟒蛇的外形。

听到那个孩子的回答, 我大吃一惊。

"不, 不, 不需要蟒蛇肚子里大象。蟒蛇很危险, 大象很大, 我的家小。我需要羊, 请给我画一下羊。"

所以我再画了一次。

文章分析

064. 그런데 어떡해요?

그런데^{可是} 어떡^{어떻게怎么} 해요?^{하다做}

그런데 어떡해요?　　　　　　　怎么办?
그런데 어떡해요?　　　　　　　但是那怎么办?
　　　　　　　　　　　　　　　但是那怎么办?

065. 저는 양을 그려 본 적이 없어요.

저^我는 양^羊을 그려^{그리다画} 본^{보다一下} 적이 없어요.^{적 없다没有做过}

저는 양을 그려 본 적이 없어요.　　没有
저는 양을 그려 본 적이 없어요.　　没有做过
저는 양을 그려 본 적이 없어요.　　没有画过
저는 양을 그려 본 적이 없어요.　　没有画过羊
저는 양을 그려 본 적이 없어요.　　我没有画过羊
　　　　　　　　　　　　　　　　我从没有画过羊。

066. 그래서 생각했어요.

그래서^{所以} 생각했어요.^{생각하다思考}

그래서 생각했어요.   思考了
그래서 생각했어요.   所以思考了

                                   所以我想,

067. 그릴 수 있는 걸 그리는 게 낫겠다.

그릴^{그리다画} 수^{办法} 있는^{있다有} 걸^事 그리는^{그리다画} 게^事 낫겠다.^{낫다比较好}

그릴 수 있는 걸 그리는 게 낫겠다.   会更好
그릴 수 있는 걸 그리는 게 낫겠다.   画会更好
그릴 수 있는 걸 그리는 게 낫겠다.

                 画 有画的办法的东西 会更好=画 可以画的东
                 画我可以画的, 这样会更好。

068. 그래서 전 보아뱀의 겉모습을 그렸어요.

그래서^{所以} 전^我 보아뱀^{蟒蛇}의^的 겉모습^{外形}을 그렸어요.^{그리다画}

그래서 전 보아뱀의 겉모습을 그렸어요.	画了
그래서 전 보아뱀의 겉모습을 그렸어요.	画了外形
그래서 전 보아뱀의 겉모습을 그렸어요.	画了蟒蛇的外形
그래서 전 보아뱀의 겉모습을 그렸어요.	我画了蟒蛇的外形
그래서 전 보아뱀의 겉모습을 그렸어요.	所以我画了蟒蛇的外形

所以我画了蟒蛇的外形。

069. 그 애의 대답을 듣고, 저는 깜짝 놀랐어요.

그^那 애^{孩子}의^的 대답^{答复}을 듣고,^{듣다听到} 저^我는 깜짝^{一跳} 놀랐어요.^{놀라다吃惊}

그 애의 대답을 듣고, 저는 깜짝 놀랐어요.	吃惊
그 애의 대답을 듣고, 저는 깜짝 놀랐어요.	大吃一惊
그 애의 대답을 듣고, 저는 깜짝 놀랐어요.	我大吃一惊
그 애의 대답을 듣고, 저는 깜짝 놀랐어요.	听到, 我大吃一惊
그 애의 대답을 듣고, 저는 깜짝 놀랐어요.	听到回答, 我大吃一惊
그 애의 대답을 듣고, 저는 깜짝 놀랐어요.	听到那个孩子的回答, 我大吃一惊

听到那个孩子的回答, 我大吃一惊。

070. 보아뱀 속의 코끼리는 필요 없어.

아니야,^{不} 아니야,^{不} 보아뱀^{蟒蛇} 속^{内}의^{的} 코끼리^{大象}는 필요^{需要} 없어.$^{없다 没有}$

보아뱀 속의 코끼리는 필요 없어.	没有需要=不需要
보아뱀 속의 코끼리는 필요 없어.	大象, 不需要
보아뱀 속의 코끼리는 필요 없어.	里面的大象, 不需要
보아뱀 속의 코끼리는 필요 없어.	蟒蛇里面的大象, 不需要

不, 不, 不需要蟒蛇肚子里大象。

071. 보아뱀은 위험하고 코끼리는 너무 커.

보아뱀^{蟒蛇}은 위험하고$^{위험하다 危险}$ 코끼리^{大象}는 너무^{太} 커.$^{크다 大}$

보아뱀은 위험하고 코끼리는 너무 커.	大
보아뱀은 위험하고 코끼리는 너무 커.	太大
보아뱀은 위험하고 코끼리는 너무 커.	大象太大
보아뱀은 위험하고 코끼리는 너무 커.	危险, 大象太大
보아뱀은 위험하고 코끼리는 너무 커.	蟒蛇危险, 大象太大

蟒蛇很危险, 大象很大。

072. 내 집은 작아.

내^{我的} 집^家은 작아.^{작다小}

내 집은 작아.   小
내 집은 작아.   我的家小
                                           我的家小。

073. 나는 양이 필요해. 양 좀 그려 줘.

나^我는 양^羊이 필요해.^{필요하다需要} 양^羊 좀^{一下} 그려^{그리다画} 줘.^{주다给}

나는 양이 필요해.   需要
나는 양이 필요해.   需要羊
나는 양이 필요해.   我需要羊
                             我需要羊，请给我画一下羊。

074. 그래서 저는 다시 그렸어요.

그래서^(所以) 저^(我)는 다시^(再一次) 그렸어요.^(그리다画)

그래서 저는 다시 그렸어요.	画了
그래서 저는 다시 그렸어요.	再画了一次
그래서 저는 다시 그렸어요.	我再画了一次
그래서 저는 다시 그렸어요.	所以我再画了一次

所以我再画了一次。

1级敬语和连读

064. 그런데 어떻게 합니까?
064. 그런데 어떠케 함니까?

065. 저는 양을 그려 본 적이 없습니다.
065. 저는 양을 그려 본 적이 업씀니다.

066. 그래서 생각했습니다.
066. 그래서 생가캐씀니다.

067. 그릴 수 있는 것을 그리는 것이 낫겠습니다.
067. 그릴 쑤 인는 거슬 그리능 거시 나께씀니다.

068. 그래서 저는 보아뱀의 겉모습을 그렸습니다.
068. 그래서 저는 보아배메 검모스블 그려씀니다.

069. 그 아이의 대답을 듣고, 저는 깜짝 놀랐습니다.
069. 그 아이에 대다블 드꼬, 저는 깜짝 놀라씀니다.

070. 아닙니다. 아닙니다. 보아뱀 속의 코끼리는 필요 없습니다.
070. 아님니다. 아님니다. 보아뱀 쏘게 코끼리는 피료 업씀니다.

071. 보아뱀은 위험하고 코끼리는 너무 큽니다.
071. 보아배믄 위허마고 코끼리는 너무 큼니다.

072. 저의 집은 작습니다.
072. 저에 지븐 작씀니다.

073. 저는 양이 필요합니다. 양 좀 그려주십시오.
073. 저는 양이 필요함니다. 양 좀 그려주십씨오.

074. 그래서 저는 다시 그렸습니다.
074. 그래서 저는 다시 그려씀니다.

2级敬语和连读

064. 그런데 어떡해요?
064. 그런데 어떠캐여?

065. 저는 양을 그려 본 적이 없어요.
065. 저는 양을 그려 본 저기 업써여.

066. 그래서 생각했어요.
066. 그래서 생가캐써여.

067. 그릴 수 있는 걸 그리는 게 낫겠어요.
067. 그릴 쑤 인능 걸 그리능 게 나께써여.

068. 그래서 전 보아뱀의 겉모습을 그렸어요.
068. 그래서 전 보아베메 검모스블 그려써여.

069. 그 애의 대답을 듣고, 저는 깜짝 놀랐어요.
069. 그 애에 대다블 드꼬, 저는 깜짝 놀라써여.

070. 아니에요. 아니에요. 보아뱀 속의 코끼리는 필요 없어요.
070. 아니에여. 아니에여. 보아뱀 쏘게 코끼리는 피료 업써여.

071. 보아뱀은 위험하고 코끼리는 너무 커요.
071. 보아배믄 위허마고 코끼리는 너무 커여.

072. 제 집은 작아요.
072. 제 지븐 자가여.

073. 저는 양이 필요해요. 양 좀 그려줘요.
073. 저는 양이 피료해여. 양 좀 그려줘여.

074. 그래서 저는 다시 그렸어요.
074. 그래서 저는 다시 그려써여.

3级敬语和连读

064. 그런데 어떡해?
064. 그런데 어떠캐?

065. 나는 양을 그려 본 적이 없어.
065. 나는 양을 그려 본 저기 업써.

066. 그래서 생각했어.
066. 그래서 생가캐써.

067. 그릴 수 있는 걸 그리는 게 낫겠어.
067. 그릴 쑤 인능 걸 그리능 게 나께써.

068. 그래서 난 보아뱀의 겉모습을 그렸어.
068. 그래서 난 보아배메 검모스블 그려써.

069. 그 애의 대답을 듣고, 나는 깜짝 놀랐어.
069. 그 애에 대다블 드꼬, 나는 깜짝 놀라써.

070. 아니야. 아니야. 보아뱀 속의 코끼리는 필요 없어.
070. 아니야. 아니야. 보아뱀 쏘게 코끼리는 피료 업써.

071. 보아뱀은 위험하고 코끼리는 너무 커.
071. 보아배믄 위허마고 코끼리는 너무 커.

072. 내 집은 작아.
072. 내 지븐 자가.

073. 나는 양이 필요해. 양 좀 그려줘.
073. 나는 양이 피료해. 양 좀 그려줘.

074. 그래서 나는 다시 그렸어.
074. 그래서 나는 다시 그려써.

4级敬语和连读

064. 그런데 어떻게 하나?
064. 그런데 어떠케 하나?

065. 나는 양을 그려 본 적이 없다.
065. 나는 양을 그려 본 저기 업따.

066. 그래서 생각했다.
066. 그래서 생가캐따.

067. 그릴 수 있는 것을 그리는 것이 낫겠다.
067. 그릴 쑤 인는 거슬 그리는 거시 나께따.

068. 그래서 나는 보아뱀의 겉모습을 그렸다.
068. 그래서 나는 보아배메 검모스블 그려따.

069. 그 애의 대답을 듣고, 나는 깜짝 놀랐다.
069. 그 애에 대다블 드꼬, 나는 깜짱 놀라따.

070. 아니다. 아니다. 보아뱀 속의 코끼리는 필요 없다.
070. 아니다. 아니다. 보아뱀 쏘게 코끼리는 피료 업따.

071. 보아뱀은 위험하고 코끼리는 너무 크다.
071. 보아배믄 위허마고 코끼리는 너무 크다.

072. 내 집은 작다.
072. 내 지븐 작따.

073. 나는 양이 필요하다. 양 좀 그려주어라.
073. 나는 양이 피료하다. 양 좀 그려주어라.

074. 그래서 나는 다시 그렸다.
074. 그래서 나는 다시 그려따.

分析练习

065. 저는 양을 그려 본 적이 없어요.

翻译练习

저는 양을 그려 본 적이 없어요.
저는 양을 그려 본 적이 없어요.
저는 양을 그려 본 적이 없어요.
저는 양을 그려 본 적이 없어요.
저는 양을 그려 본 적이 없어요.

敬语练习

069. 听到那个孩子的回答，我大吃一惊。

（1级敬语）

（2级敬语）

（3级敬语）

（4级敬语）

여덟 번째 날
第八天

그 애는 자세히 보았어요. 그리고 말했어요.
"아니야. 이 양은 아파. 다시 그려 줘."
저는 다시 그렸어요.

제 작은 친구는 귀엽게 웃었어요.
"잘 봐. 이건 양이 아니야. 이건 염소야. 뿔이 있잖아."
저는 귀찮아서 그냥 대강 그렸어요.
엔진도 고쳐야 됐으니까요.
"여기 상자가 있어. 양은 상자 안에 있어."

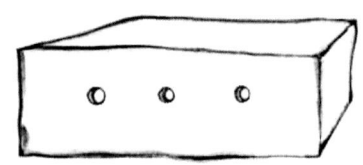

那个孩子仔细地看一看, 并且说,

"不, 这只羊有病了, 再给我画一次。"

我又画了一遍。

我的小朋友笑得很可爱。

"好好看看, 这不是羊, 这是山羊, 不是有角嘛。"

我觉得很麻烦, 随便画了一幅。

因为我要修理引擎。

"这里有一个箱子, 羊在箱子里。"

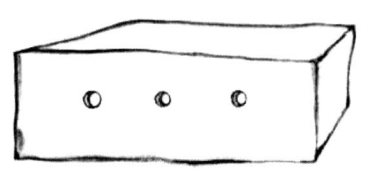

文章分析

075. 그 애는 자세히 보았어요. 그리고 말했어요.

그^那 애^{孩子}는 자세히^{仔细地} 보았어요.^{보다看} 그리고^{并且} 말했어요.^{말하다说}

그 애는 자세히 보았어요.	看了
그 애는 자세히 보았어요.	仔细地看了
그 애는 자세히 보았어요.	那个孩子仔细地看了

那个孩子仔细地看一看, 并且说,

076. 이 양은 아파. 다시 그려 줘.

이^这 양^羊은 아파.^{아프다有病} 다시^{再一次} 그려^{그리다画} 줘.^{주다给}

이 양은 아파. 다시 그려 줘.	给我
이 양은 아파. 다시 그려 줘.	画给我
이 양은 아파. 다시 그려 줘.	再给我画一次
이 양은 아파. 다시 그려 줘.	有病, 再给我画一次
이 양은 아파. 다시 그려 줘.	这羊有病, 再给我画一次

不, 这只羊有病了, 再给我画一次。

077. 저는 다시 그렸어요.

저^我는 다시^{再一次} 그렸어요.^{그리다画}

저는 다시 그렸어요.	画了
저는 다시 그렸어요.	再画了一次
저는 다시 그렸어요.	我再画了一次
	我又画了一遍。

078. 제 작은 친구는 귀엽게 웃었어요.

제^{我的} 작은^{작다小} 친구^{朋友}는 귀엽게^{귀엽다可爱} 웃었어요.^{웃다笑}

제 작은 친구는 귀엽게 웃었어요.	笑了
제 작은 친구는 귀엽게 웃었어요.	可爱地笑了
제 작은 친구는 귀엽게 웃었어요.	朋友可爱地笑了
제 작은 친구는 귀엽게 웃었어요.	小朋友可爱地笑了
제 작은 친구는 귀엽게 웃었어요.	我的小朋友可爱地笑了
	我的小朋友笑得很可爱。

079. 잘 봐. 이건 양이 아니야. 이건 염소야.

잘^{好} 봐.^{보다看見} 이건^{这} 양^{羊}이 아니야.^{아니다不是} 이건^{这} 염소^{山羊}야.^{이다是}

잘 봐. 이건 양이 아니야. 이건 염소야.	是山羊
잘 봐. 이건 양이 아니야. 이건 염소야.	这是山羊
잘 봐. 이건 양이 아니야. 이건 염소야.	不是羊，这是山羊
잘 봐. 이건 양이 아니야. 이건 염소야.	这不是羊，这是山羊
잘 봐. 이건 양이 아니야. 이건 염소야.	看看，这不是羊，这是山羊
잘 봐. 이건 양이 아니야. 이건 염소야.	好好看看，这不是羊，这是山羊
	好好看看，这不是羊，这是山羊。

080. 뿔이 있잖아.

뿔^{角}이 있^{있다有}잖아.^{不是嘛}

뿔이 있잖아.	不是有嘛
뿔이 있잖아.	不是有角嘛
	不是有角嘛。

081. 저는 귀찮아서 그냥 대강 그렸어요.

저^我는 귀찮아서^{귀찮다麻烦} 그냥^{随便} 대강^{大略} 그렸어요.^{그리다画}

저는 귀찮아서 그냥 대강 그렸어요.	画了
저는 귀찮아서 그냥 대강 그렸어요.	大略地画了
저는 귀찮아서 그냥 대강 그렸어요.	随便大略地画了
저는 귀찮아서 그냥 대강 그렸어요.	因为觉得麻烦,随便大略地画了
저는 귀찮아서 그냥 대강 그렸어요.	因为我觉得麻烦,随便大略地画了

我觉得很麻烦,随便画了一幅。

082. 엔진도 고쳐야 됐으니까요.

엔진^{引擎}도^也 고쳐^{고치다维修}야^才 됐으^{되다行}니까요.^{因为}

엔진도 고쳐야 됐으니까요.	因为行
엔진도 고쳐야 됐으니까요.	因为维修才行=因为要维修
엔진도 고쳐야 됐으니까요.	因为要维修引擎

因为我要修理引擎。

여덟 번째 날

083. 여기 상자가 있어.

여기^{这里} 상자^{箱子}가 있어.^{있다有}

여기 상자가 있어.　　　　　有箱子
여기 상자가 있어.　　　　　这里有箱子
　　　　　　　　　　　　　　　　　这里有一个箱子。

084. 양은 상자 안에 있어.

양^{羊}은 상자^{箱子} 안^{內}에^{里} 있어.^{있다在}

양은 상자 안에 있어.	在里面
양은 상자 안에 있어.	在箱子里
양은 상자 안에 있어.	羊在箱子里

羊在箱子里。

1级敬语和连读

075. 그 아이는 자세히 보았습니다. 그리고 말했습니다.
075. 그 아이는 자세히 보아씀니다. 그리고 마래씀니다.

076. 아닙니다. 이 양은 아픕니다. 다시 그려 주십시오.
076. 아님니다. 이 양은 아픔니다. 다시 그려 주십씨오.

077. 저는 다시 그렸습니다.
077. 저는 다시 그려씀니다.

078. 제 작은 친구는 귀엽게 웃었습니다.
078. 제 자근 칭구는 귀엽께 우서씀니다.

079. 잘 보십시오. 이것은 양이 아닙니다. 이건 염소입니다.
079. 잘 보십씨오. 이거슨 양이 아님니다. 이건 염소입니다.

080. 뿔이 있지 않습니까.
080. 뿌리 이찌 안씀니까.

081. 저는 귀찮아서 그냥 대강 그렸습니다.
081. 저는 귀차나서 그냥 대강 그려씀니다.

082. 엔진도 고쳐야 됐기 때문입니다.
082. 엔진도 고쳐야 돼끼 때무님니다.

083. 여기 상자가 있습니다.
083. 여기 상자가 이씀니다.

084. 양은 상자 안에 있습니다.
084. 양은 상자 아네 이씀니다.

2级敬语和连读

075. 그 애는 자세히 보았어요. 그리고 말했어요.
075. 그 애는 자세이 보아써여. 그리고 마래써여.

076. 아니에요. 이 양은 아파요. 다시 그려 주세요.
076. 아니에여. 이 양으 나파여. 다시 그려 주세여.

077. 저는 다시 그렸어요.
077. 저는 다시 그려써여.

078. 제 작은 친구는 귀엽게 웃었어요.
078. 제 자근 칭구는 귀엽께 우서써여.

079. 잘 보세요. 이건 양이 아니에요. 이건 염소에요.
079. 잘 보세여. 이건 양이 아니에여. 이건염소에여.

080. 뿌리 있잖아요.
080. 뿌리 이짜나여.

081. 저는 귀찮아서 그냥 대강 그렸어요.
081. 저는 귀차나서 그냥 대강 그려써여.

082. 엔진도 고쳐야 됐으니까요.
082. 엔진도 고쳐야 돼쓰니까여.

083. 여기 상자가 있어요.
083. 여기 상자가 이써여.

084. 양은 상자 안에 있어요.
084. 양은 상자 아네 이써여.

3级敬语和连读

075. 그 애는 자세히 보았어. 그리고 말했어.
075. 그 애는 자세이 보아써. 그리고 마래써.

076. 아니야. 이 양은 아파. 다시 그려 줘.
076. 아니야. 이 양으 나파. 다시 그려 줘.

077. 나는 다시 그렸어.
077. 나는 다시 그려써.

078. 내 작은 친구는 귀엽게 웃었어.
078. 내 자근 칭구는 귀엽께 우서써.

079. 잘 봐. 이건 양이 아니야. 이건 염소야.
079. 잘 봐. 이건 냥이 아니야. 이건 념소야.

080. 뿔이 있잖아.
080. 뿌리 이짜나.

081. 나는 귀찮아서 그냥 대강 그렸어.
081. 나는 귀차나서 그냥 대강 그려써.

082. 엔진도 고쳐야 됐으니까.
082. 엔진도 고쳐야 돼쓰니까.

083. 여기 상자가 있어.
083. 여기 상자가 이써.

084. 양은 상자 안에 있어.
084. 양은 상자 아네 이써.

4级敬语和连读

---

075. 그 아이는 자세히 보았다. 그리고 말했다.
075. 그 아이는 자세이 보아따. 그리고 마래따.

076. 아니다. 이 양은 아프다. 다시 그려 주어라.
076. 아니다. 이 양으 나프다. 다시 그려 주어라.

077. 나는 다시 그렸다.
077. 나는 다시 그려따.

078. 내 작은 친구는 귀엽게 웃었다.
078. 내 자근 칭구는 귀엽께 우서따.

079. 잘 보아라. 이것은 양이 아니다. 이건 염소다.
079. 잘 보아라. 이거슨 양이 아니다. 이건염소다.

080. 뿔이 있지 않나.
080. 뿌리 이찌 안나.

081. 나는 귀찮아서 그냥 대강 그렸다.
081. 나는 귀차나서 그냥 대강 그려따.

082. 엔진도 고쳐야 됐기 때문이다.
082. 엔진도 고쳐야 돼끼 때무니다.

083. 여기 상자가 있다.
083. 여기 상자가 이따.

084. 양은 상자 안에 있다.
084. 양은 상자 아네 이따.

分析练习

076. 이 양은 아파. 다시 그려 줘.

翻译练习

이 양은 아파. 다시 그려 줘.
이 양은 아파. 다시 그려 줘.
이 양은 아파. 다시 그려 줘.
이 양은 아파. 다시 그려 줘.
이 양은 아파. 다시 그려 줘.

敬语练习

079. 好好看看，这不是羊，这是山羊。

（1级敬语）

（2级敬语）

（3级敬语）

（4级敬语）

아홉 번째 날
第九天

그런데 그 애의 말을 듣고 저는 깜짝 놀랐어요.
"정말 좋아. 마음에 들어! 이 양은 풀을 많이 먹어?"
"왜?"
"우리 집은 작거든."
"괜찮아. 충분해. 이건 작은 양이거든."
그 애는 머리를 기대고 말했어요.
"그렇게 작지는 않아. 봐, 양이 자고 있어."
어린 왕자를 그렇게 만났어요.

可是听了那个孩子的话, 我大吃一惊。
"真的太好了, 太满意了！这只羊吃得草多吗？"
"为什么？"
"因为我的家小。"
"没关系, 足够了。因为这是一只小羊。"
那个孩子把头靠着我说。
"不是那么小。看, 羊在睡觉。"
我就这样遇到了小王子。

文章分析

085. 그런데 그 애 말을 듣고 저는 깜짝 놀랐어요.

그런데^{可是} 그^那 애^{孩子} 말^话을 듣고^{듣다听} 저^我는 깜짝^{一跳} 놀랐어요.^{놀라다吃惊}

그런데 그 애 말을 듣고 저는 깜짝 놀랐어요.　吃惊
그런데 그 애 말을 듣고 저는 깜짝 놀랐어요.　大吃一惊
그런데 그 애 말을 듣고 저는 깜짝 놀랐어요.　我大吃一惊
그런데 그 애 말을 듣고 저는 깜짝 놀랐어요.　听, 我大吃一惊
그런데 그 애 말을 듣고 저는 깜짝 놀랐어요.　听话, 我大吃一惊
그런데 그 애 말을 듣고 저는 깜짝 놀랐어요.　听那个孩子的话, 我大吃一惊
그런데 그 애 말을 듣고 저는 깜짝 놀랐어요.
　　　　　　　　　　　　　可是听那个孩子的话, 我大吃一惊
　　　　　　　　　　　　　可是听了那个孩子的话, 我大吃一惊。

086. 정말 좋아. 마음에 들어!

정말^{真的} 좋아.^{좋다好} 마음^心에^里 들어!^{들다入}

정말 좋아. 마음에 들어!　　　　　入心=满意
정말 좋아. 마음에 들어!　　　　　真的好, 满意!
　　　　　　　　　　　　　　　　真的太好了, 太满意了!

087. 이 양은 풀을 많이 먹어?

이^这 양^羊은 풀^草을 많이^多 먹어?^{먹다吃}

이 양은 풀을 많이 먹어? 吃吗?
이 양은 풀을 많이 먹어? 吃得多吗?
이 양은 풀을 많이 먹어? 吃得草多吗?
이 양은 풀을 많이 먹어? 这羊吃得草多吗?

这只羊吃得草多吗?

088. 왜?

为什么?

089. 우리 집은 작거든.

우리^{我们} 집^家은 작^{작다小}거든.^{因为}

우리 집은 작거든.   因为小
우리 집은 작거든.   因为家小
우리 집은 작거든.   因为我的家小

因为我的家小。

090. 괜찮아. 충분해.

괜찮아.^{괜찮다没关系} 충분해.^{충분하다足够}

　　　　　　　　　　　　　　　　　　　没关系, 足够了。

091. 이건 작은 양이거든.

이건^这 작은^{작다小} 양^羊이^{이다是}거든.^{因为}

이건 작은 양이거든.	因为是
이건 작은 양이거든.	因为是羊
이건 작은 양이거든.	因为是小羊
이건 작은 양이거든.	因为这是小羊

　　　　　　　　　　　　　　　　　　因为这是一只小羊。

092. 그 애는 머리를 기대고 말했어요.

그^那 애^{孩子}는 머리^头를 기대고^{기대다靠} 말했어요.^{말하다说}

그 애는 머리를 기대고 말했어요.	说
그 애는 머리를 기대고 말했어요.	靠着我说
그 애는 머리를 기대고 말했어요.	把头靠着我说
그 애는 머리를 기대고 말했어요.	那个孩子把头靠着我说

　　　　　　　　　　　　　　　　　　那个孩子把头靠着我说。

아홉 번째 날

093. 그렇게 작지는 않아.

그렇게^{那么} 작지^{작다小}는 않아.^{않다不}

그렇게 작지는 않아.   不小
그렇게 작지는 않아.   不是那么小
                                           不是那么小。

094. 봐! 양이 자고 있어.

봐!^{보다看} 양^羊이 자고^{자다睡} 있어.^{있다在}

봐! 양이 자고 있어.   在
봐! 양이 자고 있어.   正在睡
봐! 양이 자고 있어.   羊正在睡
봐! 양이 자고 있어.   看, 羊正在睡
                                          看, 羊在睡觉。

095. 어린 왕자를 그렇게 만났어요.

어린^(어리다小) 왕자^(王子)를 그렇게^(那样) 만났어요.^(만나다遇到)

어린 왕자를 그렇게 만났어요.	遇到
어린 왕자를 그렇게 만났어요.	那样遇到
어린 왕자를 그렇게 만났어요.	那样遇到王子
어린 왕자를 그렇게 만났어요.	那样遇到小王子

这就是我怎么遇到小王子的。

1级敬语和连读

085. 그런데 그 아이의 말을 듣고 저는 깜짝 놀랐습니다.
085. 그런데 그 아이에 마를 드꼬 저는 깜짝 놀라씀니다.

086. 정말 좋습니다. 마음에 듭니다!
086. 정말 조씀니다. 마으메 듬니다!

087. 이 양은 풀을 많이 먹습니까?
087. 이 양은 푸를 마니 먹씀니까?

088. 왜 그러십니까?
088. 왜 그러심니까?

089. 저희 집은 작기 때문입니다.
089. 저이 지븐 자끼 때무님니다.

090. 괜찮습니다. 충분합니다.
090. 괜찬씀니다. 충부남니다.

091. 이것은 작은 양이기 때문입니다.
091. 이거슨 자근 양이기 때무님니다.

092. 그 아이는 머리를 기대고 말했습니다.
092. 그 아이는 머리를 기대고 마래씀니다.

093. 그렇게 작지는 않습니다.
093. 그러케 작찌는 안씀니다.

094. 보십시오! 양이 자고 있습니다.
094. 보십씨오! 양이 자고 이씀니다.

095. 어린 왕자를 그렇게 만났습니다.
095. 어리 왕자를 그러케 만나씀니다.

2级敬语和连读

085. 그런데 그 애의 말을 듣고 저는 깜짝 놀랐어요.
085. 그런데 그 애에 마를 드꼬 저는 깜짝 놀라써여.

086. 정말 좋아요. 마음에 들어요!
086. 정말 조아여. 마으메 드러여!

087. 이 양은 풀을 많이 먹어요?
087. 이 양은 푸를 마니 머거여?

088. 왜요?
088. 왜여?

089. 저희 집은 작거든요.
089. 저이 지븐 자꺼든녀.

090. 괜찮아요. 충분해요.
090. 괜차나여. 충부네여.

091. 이건 작은 양이거든요.
091. 이건 자근 양이거든녀.

092. 그 애는 머리를 기대고 말했어요.
092. 그 애는 머리를 기대고 마래써여.

093. 그렇게 작지는 않아요.
093. 그러케 작찌는 아나여.

094. 보세요! 양이 자고 있어요.
094. 보세여! 양이 자고 이써여.

095. 어린 왕자를 그렇게 만났어요.
095. 어리 낭자를 그러케 만나써여.

3级敬语和连读

085. 그런데 그 애의 말을 듣고 나는 깜짝 놀랐어.
085. 그런데 그 애에 마를 드꼬 나능 깜짱 놀라써.

086. 정말 좋아. 마음에 들어!
086. 정말 조아. 마으메 드러!

087. 이 양은 풀을 많이 먹어?
087. 이 양은 푸를 마니 머거?

088. 왜?
088. 왜?

089. 우리 집은 작거든.
089. 우리 지븐 자꺼든.

090. 괜찮아. 충분해.
090. 괜차나. 충부네.

091. 이건 작은 양이거든.
091. 이건 자근 양이거든.

092. 그 애는 머리를 기대고 말했어.
092. 그 애는 머리를 기대고 마래써.

093. 그렇게 작지는 않아.
093. 그러케 작찌는 나나.

094. 봐, 양이 자고 있어.
094. 봐, 양이 자고 이써.

095. 어린 왕자를 그렇게 만났어.
095. 어리 낭자를 그러케 만나써.

4级敬语和连读

085. 그런데 그 아이의 말을 듣고 나는 깜짝 놀랐다.
085. 그런데 그 아이에 마를 드꼬 나는 깜짝 놀라따.

086. 정말 좋다. 마음에 든다!
086. 정말 조타. 마으메 든다!

087. 이 양은 풀을 많이 먹나?
087. 이 양은 푸를 마니 멍나?

088. 왜?
088. 왜?

089. 우리 집은 작기 때문이다.
089. 우리 지븐 자끼 때무니다.

090. 괜찮다. 충분하다.
090. 괜찬타. 충부나다.

091. 이것은 작은 양이기 때문이다.
091. 이거슨 자근 양이기 때무니다.

092. 그 아이는 머리를 기대고 말했다.
092. 그 아이는 머리를 기대고 마래따.

093. 그렇게 작지는 않다.
093. 그러케 작찌는 안타.

094. 보아라! 양이 자고 있다.
094. 보아라! 양이 자고 이따.

095. 어린 왕자를 그렇게 만났다.
095. 어린 왕자를 그러케 만나따.

分析练习

085. 그런데 그 애 말을 듣고 저는 깜짝 놀랐어요.

翻译练习

그런데 그 애 말을 듣고 저는 깜짝 놀랐어요.
그런데 그 애 말을 듣고 저는 깜짝 놀랐어요.
그런데 그 애 말을 듣고 저는 깜짝 놀랐어요.
그런데 그 애 말을 듣고 저는 깜짝 놀랐어요.
그런데 그 애 말을 듣고 저는 깜짝 놀랐어요.
그런데 그 애 말을 듣고 저는 깜짝 놀랐어요.
그런데 그 애 말을 듣고 저는 깜짝 놀랐어요.

敬语练习

094. 看，羊在睡觉。

（1级敬语）

（2级敬语）

（3级敬语）

（4级敬语）

열 번째 날
第十天

그 애가 제 비행기를 처음 봤을 때, 이렇게 물어봤어요.
"이건 무슨 물건이야?"
"이건 비행기야. 이건 날 수 있어."
저는 자랑스럽게 말했어요.
그때 그 애는 말했어요.
"와! 하늘에서 떨어졌어?"
"응, 하늘에서 떨어졌어."
"와! 진짜 웃기다!"
어린 왕자는 너무 크게 웃었어요.
조금 기분 나빴어요.
저는 심각했단 말이에요.

那个孩子第一次看到我的飞机的时候, 这样问我,
"这是什么东西？"
"这是飞机。这个可以飞。"
我自豪地说。
那时候那个孩子说,
"哇, 从天上掉下来的？"
"嗯, 从天上掉下来的。"
"哇, 太好笑了！"
小王子放声大笑,
我有点生气了。
我说了我是很严肃的。

文章分析

096. 그 애가 제 비행기를 처음 봤을 때, 이렇게 물어봤어요.

그 애^那^{孩子}가 제^{我的} 비행기^{飞机}를 처음^{第一次} 봤을^{보다看到} 때,^{时候} 이렇게^{这样} 물어^{묻다问} 봤어요.^{보다一下}

그 애가 제 비행기를 처음 봤을 때, 이렇게 물어봤어요.
　　　　　　　　　　　　　　　　　　　　　　问了一下
그 애가 제 비행기를 처음 봤을 때, 이렇게 물어봤어요.
　　　　　　　　　　　　　　　　　　　　这样问了一下
그 애가 제 비행기를 처음 **봤을** 때, 이렇게 물어봤어요.
　　　　　　　　　　　　　　　　　看到的时候, 这样问了一下
그 애가 제 비행기를 **처음 봤을** 때, 이렇게 물어봤어요.
　　　　　　　　　　　　　　　第一次看到的时候, 这样问了一下
그 애가 제 **비행기를 처음 봤을** 때, 이렇게 물어봤어요.
　　　　　　　　　　　　　第一次看到飞机的时候, 这样问了一下
그 애가 **제 비행기를 처음 봤을** 때, 이렇게 물어봤어요.
　　　　　　　　　　　第一次看到我的飞机的时候, 这样问了一下
그 애가 제 비행기를 처음 봤을 때, 이렇게 물어봤어요.
　　　　　　　那个孩子第一次看到我的飞机的时候, 这样问了一下
　　　　　　　那个孩子第一次看到我的飞机的时候, 这样问我,

097. 이건 무슨 물건이야?

이건^这 무슨^{什么} 물건^{东西}이야?^{이다是}

이건 무슨 물건이야?　　　是东西?
이건 무슨 물건이야?　　　是什么东西?
이건 무슨 물건이야?　　　这是什么东西?

　　　　　　　　　　　　　　　这是什么东西?

098. 이건 비행기야.

이건^这 비행기^{飞机}야.^{이다是}

이건 비행기야.　　　是飞机
이건 비행기야.　　　这是飞机

　　　　　　　　　　　这是飞机。

099. 이건 날 수 있어.

이건^这 날^{날다飞} 수^{办法} 있어.^{있다有}

이건 날 수 있어.　　　有
이건 날 수 있어.　　　有飞的办法=可以飞
이건 날 수 있어.　　　这个可以飞

　　　　　　　　　　　这个可以飞。

134　어린 왕자와 함께 배우는 한국어

100. 저는 자랑스럽게 말했어요.

저^我는 자랑스럽게^{自豪地} 말했어요.^{말하다 说}

저는 자랑스럽게 말했어요.	说
저는 자랑스럽게 말했어요.	自豪地说
저는 자랑스럽게 말했어요.	我自豪地说

我自豪地说。

101. 그때 그 애는 말했어요.

그^那때^{时候} 그^那 애^{孩子}는 말했어요.^{말하다 说}

그때 그 애는 말했어요.	说
그때 그 애는 말했어요.	那个孩子说
그때 그 애는 말했어요.	那时候那个孩子说

那时候那个孩子说,

102. 와! 하늘에서 떨어졌어?

와! 하늘^天에서^从 떨어졌어?^{떨어지다 掉下来}

와! 하늘에서 떨어졌어?	掉下来了?
와! 하늘에서 떨어졌어?	从天上掉下来了?
와! 하늘에서 떨어졌어?	哇, 从天上掉下来了?

哇, 从天上掉下来的?

열 번째 날 135

103. 응, 하늘에서 떨어졌어.

응,^嗯 하늘^天에서^从 떨어졌어.^{떨어지다 掉下来}

응, 하늘에서 떨어졌어.	掉下来了
응, 하늘에서 떨어졌어.	嗯, 从天上掉下来了
	嗯, 从天上掉下来的。

104. 와! 진짜 웃기다!

와!^哇 진짜^{真的} 웃기다!^{웃기다 好笑}

와! 진짜 웃기다!	好笑
와! 진짜 웃기다!	真的好笑
와! 진짜 웃기다!	哇, 真的好笑
	哇, 太好笑了!

105. 어린 왕자는 너무 크게 웃었어요. 조금 기분 나빴어요.

어린^小 왕자^{王子}는 너무^太 크게^{크다大} 웃었어요.^{웃다笑} 조금^{有点} 기분^{心情} 나빴어요.^{나쁘다坏}

어린 왕자는 너무 크게 웃었어요. 조금 기분 나빴어요.	坏了 = 不好了
어린 왕자는 너무 크게 웃었어요. 조금 기분 나빴어요.	心情不好了
어린 왕자는 너무 크게 웃었어요. 조금 기분 나빴어요.	心情有点不好了
어린 왕자는 너무 크게 웃었어요. 조금 기분 나빴어요.	
	笑, 心情有点不好了

어린 왕자는 너무 크게 웃었어요. 조금 기분 나빴어요.
　　　　　　　　　　　　　　　　　大笑, 心情有点不好了
어린 왕자는 너무 크게 웃었어요. 조금 기분 나빴어요.
　　　　　　　　　　　　　　　　笑得太大, 心情有点不好了
어린 왕자는 너무 크게 웃었어요. 조금 기분 나빴어요.
　　　　　　　　　　　　　　　小王子笑得太大, 心情有点不好了
　　　　　　　　　　　　　　　小王子放声大笑, 我有点生气了。

106. 저는 심각했단 말이에요.

저^{我}는 심각했단^{심각하다严肃} 말^{话}이에요.^{이다是}

저는 심각했단 말이에요.	是话=我说了
저는 심각했단 말이에요.	我说了是很严肃的
저는 심각했단 말이에요.	我说了我是很严肃的
	我是了我是很严肃的。

1级敬语和连读

096. 그 아이가 제 비행기를 처음 보았을 때, 이렇게 물어보았습니다.
096. 그 아이가 제 비행기를 처음 보아쓸 때, 이러케 무러보아쓰니다.

097. 이것은 무슨 물건입니까?
097. 이거슨 무슨 물거님니까?

098. 이것은 비행기입니다.
098. 이거슨 비행기임니다.

099. 이것은 날 수 있습니다.
099. 이거슨 날 쑤 이씀니다.

100. 저는 자랑스럽게 말했습니다.
100. 저는 자랑스럽께 마래씀니다.

101. 그때 그 아이는 말했습니다.
101. 그때 그 아이는 마래씀니다.

102. 와! 하늘에서 떨어졌습니까?
102. 와! 하느레서 떠러져씀니까?

103. 예, 하늘에서 떨어졌습니다.
103. 예, 하느레서 떠러져씀니다.

104. 와! 진짜 웃깁니다!
104. 와! 진짜 우낌니다!

105. 어린 왕자는 너무 크게 웃었습니다. 조금 기분 나빴습니다.
105. 어리 낭자는 너무 크게 우서씀니다. 조금 기분 나빠씀니다.

106. 저는 심각했다는 말씀입니다.
106. 저는 심가캤따는 말쓰밈니다.

2级敬语和连读

096. 그 애가 제 비행기를 처음 봤을 때, 이렇게 물어봤어요.
096. 그 애가 제 비행기를 처음 봐쓸 때, 이러케 무러봐써여.

097. 이건 무슨 물건이에요?
097. 이건 무슨 물거니에여?

098. 이건 비행기에요.
098. 이건 비행기에여.

099. 이건 날 수 있어요.
099. 이건 날 쑤 이써여.

100. 저는 자랑스럽게 말했어요.
100. 저는 자랑스럽께 마래써여.

101. 그때 그 애는 말했어요.
101. 그때 그 애는 마래써여.

102. 와! 하늘에서 떨어졌어요?
102. 와! 하느레서 떠러져써여?

103. 네, 하늘에서 떨어졌어요.
103. 네, 하느레서 떠러져써여.

104. 와! 진짜 웃겨요!
104. 와! 진짜 우껴여!

105. 어린 왕자는 너무 크게 웃었어요. 조금 기분 나빴어요.
105. 어리 낭자는 너무 크게 우써써여. 조금 기분 나빠써여.

106. 저는 심각했단 말이에요.
106. 저는 심가캐딴 마리에여.

열 번째 날

3级敬语和连读

096. 그 애가 내 비행기를 처음 봤을 때, 이렇게 물어봤어.
096. 그 애가 내 비행기를 처음 봐쓸 때, 이러케 무러봐써.

097. 이건 무슨 물건이야?
097. 이건 무슨 물거니야?

098. 이건 비행기야.
098. 이건 비행기야.

099. 이건 날 수 있어.
099. 이건 날 쑤 이써.

100. 나는 자랑스럽게 말했어.
100. 나는 자랑스럽께 마래써.

101. 그때 그 애는 말했어.
101. 그때 그 애는 마래써.

102. 와! 하늘에서 떨어졌어?
102. 와! 하느레서 떠러져써?

103. 응, 하늘에서 떨어졌어.
103. 응, 하느레서 떠러져써.

104. 와! 진짜 웃겨!
104. 와! 진짜 우껴!

105. 어린 왕자는 너무 크게 웃었어. 조금 기분 나빴어.
105. 어리 놩자는 너무 크게 우서써. 조금 기분 나빠써.

106. 나는 심각했단 말이야.
106. 나는 심가캐딴 마리야.

4级敬语和连读

096. 그 아이가 내 비행기를 처음 보았을 때, 이렇게 물어보았다.
096. 그 아이가 내 비행기를 처음 보아쓸 때, 이러케 무러보아따.

097. 이것은 무슨 물건인가?
097. 이거슨 무슨 물거닝가?

098. 이것은 비행기이다.
098. 이거슨 비행기이다.

099. 이것은 날 수 있다.
099. 이거슨 날 쑤 이따.

100. 나는 자랑스럽게 말했다.
100. 나는 자랑스럽께 마래따.

101. 그때 그 아이는 말했다.
101. 그때 그 아이는 마래따.

102. 와! 하늘에서 떨어졌나?
102. 와! 하느레서 떠러전나?

103. 응, 하늘에서 떨어졌다.
103. 응, 하느레서 떠러져따.

104. 와! 진짜 웃기다!
104. 와! 진짜 우끼다!

105. 어린 왕자는 너무 크게 웃었다. 조금 기분 나빴다.
105. 어리 놩자는 너무 크게 우서따. 조금 기분 나빠따.

106. 나는 심각했단 말이다.
106. 나는 심가캐딴 마리다.

열 번째 날 141

分析练习

096. 그 애가 제 비행기를 처음 봤을 때, 이렇게 물어봤어요.

翻译练习

그 애가 제 비행기를 처음 봤을 때, 이렇게 물어봤어요.
그 애가 제 비행기를 처음 봤을 때, 이렇게 물어봤어요.
그 애가 제 비행기를 처음 **봤을 때**, 이렇게 물어봤어요.
그 애가 제 비행기를 **처음** 봤을 때, 이렇게 물어봤어요.
그 애가 제 **비행기를** 처음 봤을 때, 이렇게 물어봤어요.
그 애가 **제** 비행기를 처음 봤을 때, 이렇게 물어봤어요.
그 애가 제 비행기를 처음 봤을 때, 이렇게 물어봤어요.

敬语练习

097. 这是什么东西？

（1级敬语）

（2级敬语）

（3级敬语）

（4级敬语）

열한 번째 날
第十一天

그 애는 또 말했어요.

"그러면, 너는 어디에서 왔어? 어느 별에서 왔어?"

그 애는 어딘가 좀 신비로웠어요.

제가 갑자기 물었어요.

"그러면, 너는 다른 별에서 왔어?"

하지만 그 애는 대답하지 않았어요.

그 애는 내 비행기를 보면서, 고개를 끄덕였어요.

"정말? 아주 멀리서 왔어?"

그 애는 오랫동안 말이 없었어요. 그리고 주머니에서 자기의 양을 꺼냈어요.

오랫동안 자기의 보물을 보고 있었어요.

那个孩子又说,

"那么, 你从哪里来？来自哪个星球？"

那个孩子哪里有点神秘。

我突然问他。

"那么, 你是从其他星球来的吗？"

可是那个孩子没有回答我。

那个孩子一边看着飞机一边点头。

"真的吗？来自很远的地方吗？"

那个孩子很久没有说话。然后从口袋里, 掏出自己的羊。

盯着自己的宝物看了好久。

文章分析

107. 그 애는 또 말했어요.

그^那 애^{孩子}는 또^又 말했어요.^{말하다说}

그 애는 또 말했어요.	说
그 애는 또 말했어요.	又说
그 애는 또 말했어요.	那个孩子又说

那个孩子又说,

108. 그러면, 너는 어디에서 왔어? 어느 별에서 왔어?

그러면,^{那么} 너^你는 어디^{哪里}에서^从 왔어?^{오다来} 어느^哪 별^{星球}에서^从 왔어?^{오다来}

그러면, 너는 어디에서 왔어? 어느 별에서 왔어?　来?
그러면, 너는 어디에서 왔어? 어느 별에서 왔어?　从星球来?
그러면, 너는 어디에서 왔어? 어느 별에서 왔어?　从哪个星球来?
그러면, 너는 어디에서 왔어? 어느 별에서 왔어?

从哪里来?　从哪个星球来?

그러면, 너는 어디에서 왔어? 어느 별에서 왔어?

那么, 你从哪里来?　从哪个星球来?

那么, 你从哪里来? 来自哪个星球来?

109. 그 애는 어딘가 좀 신비로웠어요.

그^那 애^{孩子}는 어딘가^{哪里} 좀^{有点} 신비로웠어요.^{神秘롭다神秘}

그 애는 어딘가 좀 신비로웠어요.	神秘
그 애는 어딘가 좀 신비로웠어요.	有点神秘
그 애는 어딘가 좀 신비로웠어요.	哪里有点神秘
그 애는 어딘가 좀 신비로웠어요.	那个孩子哪里有点神秘

那个孩子哪里有点神秘。

110. 제가 갑자기 물었어요.

제^我가 갑자기^{突然} 물었어요.^{묻다问}

제가 갑자기 물었어요.	问
제가 갑자기 물었어요.	突然问
제가 갑자기 물었어요.	我突然问

我突然问他。

111. 그러면, 너는 다른 별에서 왔어?

그러면, 너^你는 다른^{其他} 별^{星球}에서^从 왔어?^{오다来}

그러면, 너는 다른 별에서 왔어?	从星球来的吗?

그러면, 너는 다른 별에서 왔어?　　你从其他星球来的吗?
그러면, 너는 다른 별에서 왔어?　　那么，你从其他星球来的吗?
　　　　　　　　　　　　　　　　　那么，你是从其他星球来的吗?

112. 하지만 그 애는 대답하지 않았어요.

하지만^{可是} 그^{那} 애^{孩子}는 대답하지^{대답하다回答} 않았어요.^{않다没有}

하지만 그 애는 대답하지 않았어요.　　没有回答
하지만 그 애는 대답하지 않았어요.　　那个孩子没有回答
하지만 그 애는 대답하지 않았어요.　　可是那个孩子没有回答
　　　　　　　　　　　　　　　　　　可是那个孩子没有回答我。

113. 그 애는 제 비행기를 보면서, 고개를 끄덕였어요.

그^{那} 애^{孩子}는 제^{我的} 비행기^{飞机}를 보면서,^{보다看} 고개^{头}를 끄덕였어요.^{끄덕이다颔}

그 애는 제 비행기를 보면서, 고개를 끄덕였어요.　　点
그 애는 제 비행기를 보면서, 고개를 끄덕였어요.　　点头
그 애는 제 비행기를 보면서, 고개를 끄덕였어요.　　看着, 点头
그 애는 제 비행기를 보면서, 고개를 끄덕였어요.　　看着我的飞机, 点头
그 애는 제 비행기를 보면서, 고개를 끄덕였어요.
　　　　　　　　　　　　　　　　　　　　　　　那个孩子看着我的飞机, 点头
　　　　　　　　　　　　　　　　　　　　　　　那个孩子一边看着飞机一边点头。

114. 정말, 아주 멀리서 왔어?

정말,^{真的} 아주^很 멀리^远서^从 왔어?^{오다来}

정말, 아주 멀리서 왔어?   从远的地方来的吗?
정말, 아주 멀리서 왔어?   真的, 从很远的地方来的吗?
                       真的吗? 来自很远的地方吗?

115. 그 애는 오랫동안 말이 없었어요.

그^那 애^{孩子}는 오랫^久동안^{期间} 말^话이 없었어요.^{없다没有}

그 애는 오랫동안 말이 없었어요.   没有说话
그 애는 오랫동안 말이 없었어요.   很久没有说话
그 애는 오랫동안 말이 없었어요.   那个孩子很久没有说话
                       那个孩子很久没有说话。

116. 그리고 주머니에서 자기의 양을 꺼냈어요.

그리고^{然后} 주머니^{口袋}에서^从 자기^{自己}의^的 양^羊을 꺼냈어요.^{꺼내다掏出}

그리고 주머니에서 자기의 양을 꺼냈어요.   掏出羊
그리고 주머니에서 자기의 양을 꺼냈어요.   掏出自己的羊
그리고 주머니에서 자기의 양을 꺼냈어요.   从口袋里掏出自己的羊

그리고 주머니에서 자기의 양을 꺼냈어요.   然后从口袋里掏出自己的羊
　　　　　　　　　　　　　　　　　　　然后从口袋里,掏出自己的羊。

117. 오랫동안 자기의 보물을 보고 있었어요.

오랫^{久}동안^{期间} 자기^{自己}의^{的} 보물^{宝物}을 보고^{보다看} 있었어요.^{있다在}

오랫동안 자기의 보물을 보고 있었어요.	正在看着
오랫동안 자기의 보물을 보고 있었어요.	正在看着宝物
오랫동안 자기의 보물을 보고 있었어요.	正在看着自己的宝物
오랫동안 자기의 보물을 보고 있었어요.	好久正在看着自己的宝物
	盯着自己的宝物看了好久。

1级敬语和连读

107. 그 아이는 또 말했습니다.
107. 그 아이는 또 마래씀니다.

108. 그러면, 당신은 어디에서 오셨습니까? 어느 별에서 오셨습니까?
108. 그러면, 당시는 어디에서 오셔씀니까? 어느 벼레서 오셔씀니까?

109. 그 아이는 어딘가 좀 신비로웠습니다.
109. 그 아이는 어딩가 좀 심비로워씀니다.

110. 제가 갑자기 물었습니다.
110. 제가 갑짜기 무러씀니다.

111. 그러면, 당신은 다른 별에서 오셨습니까?
111. 그러면, 당시는 다른 벼레서 오셔씀니까?

112. 하지만 그 아이는 대답하지 않았습니다.
112. 하지만 그 아이는 대다파지 아나씀니다.

113. 그 아이는 내 비행기를 보면서, 고개를 끄덕였습니다.
113. 그 아이는 내 비행기를 보면서, 고개를 끄더겨씀니다.

114. 정말, 아주 멀리서 오셨습니까?
114. 정말, 아주 멀리서 오셔씀니까?

115. 그 아이는 오랫동안 말이 없었습니다.
115. 그 아이는 오래똥안 마리 업써씀니다.

116. 그리고 주머니에서 자기의 양을 꺼냈습니다.
116. 그리고 주머니에서 자기에 양을 꺼내씀니다.

117. 오랫동안 자기의 보물을 보고 있었습니다.
117. 오래똥안 자기에 보무를 보고 이써씀니다.

2级敬语和连读

107. 그 애는 또 말했어요.
107. 그 애는 또 마래써요.

108. 그러면, 당신은 어디에서 왔어요? 어느 별에서 왔어요?
108. 그러면, 당시는 어디에서 와써요? 어느 벼레서 와써요?

109. 그 애는 어딘가 좀 신비로웠어요.
109. 그 애는 어딩가 좀 심비로워써요.

110. 제가 갑자기 물었어요.
110. 제가 갑짜기 무러써요.

111. 그러면, 당신은 다른 별에서 왔어요?
111. 그러면, 당시는 다른 벼레서 와써요?

112. 하지만 그 애는 대답하지 않았어요.
112. 하지만 그 애는 대다파지 아나써요.

113. 그 애는 내 비행기를 보면서, 고개를 끄덕였어요.
113. 그 애는 내 비행기를 보면서, 고개를 끄더겨써요.

114. 정말, 아주 멀리서 왔어요?
114. 정말, 아주 멀리서 와써요?

115. 그 애는 오랫동안 말이 없었어요.
115. 그 애는 오래똥안 마리 업써써요.

116. 그리고 주머니에서 자기의 양을 꺼냈어요.
116. 그리고 주머니에서 자기에 양을 꺼내써요.

117. 오랫동안 자기의 보물을 보고 있었어요.
117. 오래똥안 자기에 보무를 보고 이써써요.

열한 번째 날 151

3级敬语和连读

107. 그 애는 또 말했어.
107. 그 애는 또 마래써.

108. 그러면, 너는 어디에서 왔어? 어느 별에서 왔어?
108. 그러면, 너는 어디에서 와써? 어느 벼레서 와써?

109. 그 애는 어딘가 좀 신비로웠어.
109. 그 애는 어딩가 좀 심비로워써.

110. 내가 갑자기 물었어.
110. 내가 갑짜기 무러써.

111. 그러면, 너는 다른 별에서 왔어?
111. 그러면, 너는 다른 벼레서 와써?

112. 하지만 그 애는 대답하지 않았어.
112. 하지만 그 애는 대다파지 아나써.

113. 그 애는 내 비행기를 보면서 고개를 끄덕였어.
113. 그 애는 내 비행기를 보면서 고개를 끄더겨써.

114. 정말? 아주 멀리서 왔어?
114. 정말? 아주 멀리서 와써?

115. 그 애는 오랫동안 말이 없었어.
115. 그 애는 오래똥안 마리 업써써.

116. 그리고 주머니에서 자기의 양을 꺼냈어.
116. 그리고 주머니에서 자기에 양을 꺼내써.

117. 오랫동안 자기의 보물을 보고 있었어.
117. 오래똥안 자기에 보무를 보고 이써써.

4级敬语和连读

107. 그 아이는 또 말했다.
107. 그 아이는 또 마래따.

108. 그러면, 너는 어디에서 왔나? 어느 별에서 왔나?
108. 그러면, 너는 어디에서 완나? 어느 벼레서 완나?

109. 그 아이는 어딘가 좀 신비로웠다.
109. 그 아이는 어딩가 좀 심비로워따.

110. 내가 갑자기 물었다.
110. 내가 갑짜기 무러따.

111. 그러면, 너는 다른 별에서 왔나?
111. 그러면, 너는 다른 벼레서 완나?

112. 하지만 그 아이는 대답하지 않았다.
112. 하지만 그 아이는 대다파지 아나따.

113. 그 아이는 내 비행기를 보면서, 고개를 끄덕였다.
113. 그 아이는 내 비행기를 보면서, 고개를 끄더겨따.

114. 정말, 아주 멀리서 왔나?
114. 정말, 아주 멀리서 완나?

115. 그 아이는 오랫동안 말이 없었다.
115. 그 아이는 오래똥안 마리 업써따.

116. 그리고 주머니에서 자기의 양을 꺼냈다.
116. 그리고 주머니에서 자기에 양을 꺼내따.

117. 오랫동안 자기의 보물을 보고 있었다.
117. 오래똥안 자기에 보무를 보고 이써따.

分析练习

108. 그러면 너는 어디에서 왔어? 어느 별에서 왔어?

翻译练习

그러면, 너는 어디에서 왔어? 어느 별에서 왔어?

그러면, 너는 어디에서 왔어? 어느 별에서 왔어?

그러면, 너는 어디에서 왔어? 어느 별에서 왔어?

그러면, 너는 **어디에서** 왔어? 어느 **별에서** 왔어?

그러면, 너는 어디에서 왔어? 어느 별에서 왔어?

敬语练习

113. 那个孩子一边看着飞机一边点头。

(1级敬语)

(2级敬语)

(3级敬语)

(4级敬语)

열두 번째 날
第十二天

"너는 어디에서 왔어? 집은 어디에 있어? 어디 갈 거야?"
가만히 생각한 다음에 그 애가 말했어요.
"상자 줘서 고마워. 이 상자는 저녁에는 양의 집이 될 거야."
"물론이지. 필요하면 끈하고 막대기를 줄게."
어린 왕자는 제 말이 이상했나 봐요.
"끈? 왜? 정말 이상한 생각 같다!"
"끈이 없으면 양을 잃어버리니까."
제 친구는 다시 웃음을 터뜨렸어요.
"괜찮아. 우리 집은 정말 작아."
그리고 아마도 조금 쓸쓸하게 말했어요.
"똑바로는 그렇게 멀리 못 가."

"你从哪里来？你的家在哪里？要去哪里？"
默默地思考了以后，那个孩子说，
"谢谢你给我箱子，晚上这个箱子会成为羊的家。"
"当然，需要的话我给你绳子和棍子。"
我猜测小王子觉得我的话很奇怪。
"绳子？为什么？真的好像是奇怪的想法！"
"因为没有绳子的话，会把羊丢了。"
我的朋友再一次爆出笑声。
"没关系，我的家真的很小。"
他或许有点寂寞地说，
"直行的话走不了很远。"

文章分析

118. 너는 어디에서 왔어?

너는 어디에서 왔어?
(你) (哪里) (从) (오다来)

너는 어디에서 왔어?　　从哪里来?
너는 어디에서 왔어?　　你从哪里来?
　　　　　　　　　　　　　　　你从哪里来?

119. 집은 어디에 있어?

집은 어디에 있어?
(家)　　(哪里)　(있다在)

집은 어디에 있어?　　在哪里?
집은 어디에 있어?　　家在哪里?
　　　　　　　　　　　　　　　你的家在哪里?

120. 어디 갈 거야?

어디^{哪里} 갈^{가다去} 거^事야?^{이다是}

어디 갈 거야?　　要去?
어디 갈 거야?　　要去哪里?

要去哪里?

121. 가만히 생각한 다음에 그 애가 말했어요.

가만히^{默默地} 생각한^{생각하다思考} 다음^{以后}에 그^那 애^{孩子}가 말했어요.^{말하다说}

가만히 생각한 다음에 그 애가 말했어요.　　说
가만히 생각한 다음에 그 애가 말했어요.　　那个孩子说
가만히 생각한 다음에 그 애가 말했어요.　　以后, 那个孩子说
가만히 생각한 다음에 그 애가 말했어요.　　思考了以后, 那个孩子说
가만히 생각한 다음에 그 애가 말했어요.

默默地思考了以后, 那个孩子说
默默地思考了以后, 那个孩子说,

열두 번째 날　　159

122. 상자 줘서 고마워.

상자^{箱子} 줘^{주다给}서^{因为} 고마워^{고맙다谢谢}.

상자 줘서 고마워.	谢谢你
상자 줘서 고마워.	谢谢你给了我
상자 줘서 고마워.	谢谢你给了我箱子

谢谢你给我箱子。

123. 이 상자는 저녁에는 양의 집이 될 거야.

이^{这} 상자^{箱子}는 저녁^{晚上}에는 양^{羊}의^{的} 집^{家}이 될^{되다成为} 거^{事}야^{이다是}.

이 상자는 저녁에는 양의 집이 될 거야.	会成为
이 상자는 저녁에는 양의 집이 될 거야.	会成为家
이 상자는 저녁에는 양의 집이 될 거야.	会成为羊的家
이 상자는 저녁에는 양의 집이 될 거야.	晚上的时候会成为羊的家
이 상자는 저녁에는 양의 집이 될 거야.	这箱子晚上的时候会成为羊的家

晚上这个箱子会成为羊的家。

124. 물론이지.

물론^{当然}이지.^{이다是}

물론이지.　　是当然的

　　　　　　　　　　　　　　　　　　　当然。

125. 필요하면 끈하고 막대기를 줄게.

필요하^{필요하다需要}면^{的话} 끈^{绳子}하고^{和} 막대기^{棍子}를 줄게.^{주다给}

필요하면 끈하고 막대기를 줄게.　给你
필요하면 끈하고 막대기를 줄게.　给你棍子
필요하면 끈하고 막대기를 줄게.　给你绳子和棍子
필요하면 끈하고 막대기를 줄게.　需要的话给你绳子和棍子
　　　　　　　　　　　　　　　需要的话我给你绳子和棍子。

126. 어린 왕자는 제 말이 이상했나 봐요.

어린^小 왕자^{王子}는 제^{我的} 말^话이 이상했^{이상하다奇怪}나 봐요.^{我猜测}

어린 왕자는 제 말이 이상했나 봐요.	我猜测奇怪
어린 왕자는 제 말이 이상했나 봐요.	我猜测我的话是奇怪的
어린 왕자는 제 말이 이상했나 봐요.	

我猜测对小王子来说我的话是奇怪的
我猜测小王子觉得我的话很奇怪。

127. 끈? 왜? 정말 이상한 생각 같다!

끈?^{绳子} 왜?^{为什么} 정말^{真的} 이상한^{이상하다奇怪} 생각^{想法} 같다!^{같다像一样}

정말 이상한 생각 같다!	像想法一样!
정말 이상한 생각 같다!	像奇怪的想法一样!
정말 이상한 생각 같다!	真的像奇怪的想法一样!

绳子? 为什么? 真的好像是奇怪的想法!

128. 끈이 없으면 양을 잃어버리니까.

끈^(绳子)이 없으^(없다没有)면^(的话) 양^(羊)을 잃어버리^(잃다丢)니까.^(因为)

끈이 없으면 양을 잃어버리니까.	因为丢了
끈이 없으면 양을 잃어버리니까.	因为把羊丢了
끈이 없으면 양을 잃어버리니까.	因为没有的话, 把羊丢了
끈이 없으면 양을 잃어버리니까.	因为没有绳子的话, 把羊丢了
	因为没有绳子的话, 会把羊丢了。

129. 제 친구는 다시 웃음을 터뜨렸어요.

제^(我的) 친구^(朋友)는 다시^(再一次) 웃음^(笑)을 터뜨렸어요.^(터뜨리다爆出)

제 친구는 다시 웃음을 터뜨렸어요.	爆出了
제 친구는 다시 웃음을 터뜨렸어요.	爆出笑声
제 친구는 다시 웃음을 터뜨렸어요.	再一次爆出笑声
제 친구는 다시 웃음을 터뜨렸어요.	我的朋友再一次爆出笑声
	我的朋友再一次爆出笑声。

130. 괜찮아.

没关系。

131. 우리 집은 정말 작아.

우리(我们) 집(家)은 정말(真的) 작아(작다 小).

우리 집은 정말 작아.   真的小
우리 집은 정말 작아.   我的家真的小
                            我的家真的很小。

132. 그리고 아마도 조금 쓸쓸하게 말했어요.

그리고(然后) 아마도(或许) 조금(有点) 쓸쓸하게(쓸쓸하다 寂寞) 말했어요(말하다 说).

그리고 아마도 조금 쓸쓸하게 말했어요.   寂寞地说
그리고 아마도 조금 쓸쓸하게 말했어요.   有点寂寞地说
그리고 아마도 조금 쓸쓸하게 말했어요.   或许有点寂寞地说
그리고 아마도 조금 쓸쓸하게 말했어요.   然后或许有点寂寞地说
                                         他或许有点寂寞地说,

133. 똑바로는 그렇게 멀리 못 가.

똑바로^{直行}는^{的话} 그렇게^{那么} 멀리^远 못^{不了} 가^{가다 去}.

똑바로는 그렇게 멀리 못 가.	去
똑바로는 그렇게 멀리 못 가.	去不了
똑바로는 그렇게 멀리 못 가.	去不了远
똑바로는 그렇게 멀리 못 가.	去不了那么远
똑바로는 그렇게 멀리 못 가.	直行的话去不了那么远

直行的话走不了很远。

1级敬语和连读

118. 당신은 어디에서 오셨습니까?
118. 당시는 어디에서 오셔씀니까?

119. 집은 어디에 있습니까?
119. 지븐 어디에 이씀니까?

120. 어디 가실 것입니까?
120. 어디 가실 꺼심니까?

121. 가만히 생각한 다음에 그 아이가 말했습니다.
121. 가마니 생가칸 다으메 그 아이가 마래씀니다.

122. 상자 주셔서 고맙습니다.
122. 상자 주셔서 고맙씀니다.

123. 이 상자는 저녁에는 양의 집이 될 것입니다.
123. 이 상자는 저녀게는 양에 지비 될 꺼심니다.

124. 물론입니다.
124. 물로님니다.

125. 필요하시면 끈과 막대기를 드리겠습니다.
125. 피료하시면 끈과 막때기를 드리게씀니다.

126. 어린 왕자는 제 말이 이상했나 봅니다.
126. 어리 놩자는 제 마리 이상핸나 봄니다.

127. 끈? 왜입니까? 정말 이상한 생각 같습니다!
127. 끈? 왜임니까? 정말 이상한 생각 까씀니다!

128. 끈이 없으면 양을 잃어버리기 때문입니다.
128. 끄니 업쓰면 양을 이러버리기 때무님니다.

129. 제 친구는 다시 웃음을 터뜨렸습니다.
129. 제 칭구는 다시 우스믈 터뜨려씀니다.

130. 괜찮습니다.
130. 괜찬씀니다.

131. 저희 집은 정말 작습니다.
131. 저이 지븐 정말 작씀니다.

132. 그리고 아마도 조금 쓸쓸하게 말했습니다.
132. 그리고 아마도 조금 쓸쓰라게 마래씀니다.

133. 똑바로는 그렇게 멀리 못 갑니다.
133. 똑바로는 그러케 멀리 모 깜니다.

2级敬语和连读

118. 당신은 어디에서 왔어요?
118. 당시는 어디에서 와써여?

119. 집은 어디에 있어요?
119. 지븐 어디에 이써여?

120. 어디 가실 거에요?
120. 어디 가실 꺼에여?

121. 가만히 생각한 다음에 그 애가 말했어요.
121. 가마니 생가칸 다으메 그 애가 마래써여.

122. 상자 주셔서 고마워요.
122. 상자 주셔서 고마워여.

123. 이 상자는 저녁에는 양의 집이 될 거에요.
123. 이 상자는 저녀게는 양에 지비 될 꺼에여.

124. 물론이죠.
124. 물로니저.

125. 필요하면 끈하고 막대기를 드릴게요.
125. 피료아면 끄나고 막때기를 드릴께여.

126. 어린 왕자는 제 말이 이상했나 봐요.
126. 어리 놯자는 제 마리 이상핸나 봐여.

127. 끈? 왜요? 정말 이상한 생각 같애요!
127. 끈? 왜여? 정말 이상안 생가 까태여!

128. 끈이 없으면 양을 잃어버리니까요.
128. 끄니 업쓰면 양을 이러버리니까여.

129. 제 친구는 다시 웃음을 터뜨렸어요.
129. 제 칭구는 다시 우스믈 터뜨려써여.

130. 괜찮아요.
130. 괜차나여.

131. 저희 집은 정말 작아요.
131. 저이 지븐 정말 자가여.

132. 그리고 아마도 조금 쓸쓸하게 말했어요.
132. 그리고 아마도 조금 쓸쓰라게 마래써여.

133. 똑바로는 그렇게 멀리 못 가요.
133. 똑빠로는 그러케 멀리 모 까여.

3级敬语和连读

118. 너는 어디에서 왔어?
118. 너는 어디에서 와써?

119. 집은 어디에 있어?
119. 지븐 어디에 이써?

120. 어디 갈 거야?
120. 어디 갈 꺼야?

121. 가만히 생각한 다음에 그 애가 말했어.
121. 가마니 생가칸 다으메 그 애가 마래써.

122. 상자 줘서 고마워.
122. 상자 줘서 고마워.

123. 이 상자는 저녁에는 양의 집이 될 거야.
123. 이 상자는 저녀게는 양에 지비 될 꺼야.

124. 물론이지.
124. 물로니지.

125. 필요하면 끈하고 막대기를 줄게.
125. 피료아면 끄나고 막때기를 줄게.

126. 어린 왕자는 내 말이 이상했나봐.
126. 어리 낭자는 내 마리 이상핸나봐.

127. 끈? 왜? 정말 이상한 생각 같애!
127. 끈? 왜? 정말 이상한 생가 까태!

128. 끈이 없으면 양을 잃어버리니까.
128. 끄니 업쓰면 양을 이러버리니까.

129. 내 친구는 다시 웃음을 터뜨렸어.
129. 내 칭구는 다시 우스믈 터뜨려써.

130. 괜찮아.
130. 괜차나.

131. 우리 집은 정말 작아.
131. 우리 지븐 정말 자가.

132. 그리고 아마도 조금 쓸쓸하게 말했어.
132. 그리고 아마도 조금 쓸쓰라게 마래써.

133. 똑바로는 그렇게 멀리 못 가.
133. 똑빠로는 그러케 멀리 모 까.

4级敬语和连读

118. 너는 어디에서 왔나?
118. 너는 어디에서 완나?

119. 집은 어디에 있나?
119. 지븐 어디에 인나?

120. 어디 갈 것인가?
120. 어디 갈 꺼싱가?

121. 가만히 생각한 다음에 그 아이가 말했다.
121. 가마니 생가칸 다으메 그 아이가 마래따.

122. 상자 주어서 고맙다.
122. 상자 주어서 고맙따.

123. 이 상자는 저녁에는 양의 집이 될 것이다.
123. 이 상자는 저녀게는 양에 지비 될 꺼시다.

124. 물론이다.
124. 물로니다.

125. 필요하면 끈과 막대기를 주겠다.
125. 피료하면 끈과 막때기를 주게따.

126. 어린 왕자는 내 말이 이상했나 보다.
126. 어리 놩자는 내 마리 이상핸나 보다.

127. 끈? 왜? 정말 이상한 생각 같다!
127. 끈? 왜? 정말 이상한 생각 까따!

128. 끈이 없으면 양을 잃어버리기 때문이다.
128. 끄니 업쓰면 양을 이러버리기 때무니다.

129. 내 친구는 다시 웃음을 터뜨렸다.
129. 내 칭구는 다시 우스믈 터뜨려따.

130. 괜찮다.
130. 괜찬타.

131. 우리 집은 정말 작다.
131. 우리 지븐 정말 작따.

132. 그리고 아마도 조금 쓸쓸하게 말했다.
132. 그리고 아마도 조금 쓸쓰라게 마래따.

133. 똑바로는 그렇게 멀리 못 간다.
133. 똑바로는 그러케 멀리 모 간다.

分析练习 _____

123. 이 상자는 저녁에는 양의 집이 될 거야.

翻译练习 _____

이 상자는 저녁에는 양의 집이 될 거야.
이 상자는 저녁에는 양의 집이 될 거야.
이 상자는 저녁에는 양의 집이 될 거야.
이 상자는 저녁에는 양의 집이 될 거야.
이 상자는 저녁에는 양의 집이 될 거야.

敬语练习 _____

125. 需要的话我给你绳子和棍子。

（1级敬语）

（2级敬语）

（3级敬语）

（4级敬语）

열세 번째 날
第十三天

아! 어린 왕자, 너는 참 쓸쓸한 삶을 살았구나.
너는 노을 보는 것 말고는 즐거운 것이 없었구나.
넷째 날, 비로소 너를 좀 더 알 수 있게 됐어.
"나는 노을을 좋아해. 우리 가서 노을을 보자."
"하지만 노을을 보려면 기다려야 돼."
"무얼 기다려?"
"해가 지는 걸 기다려야지."
넌 처음에 무척 놀란 것 같았어. 그리고 혼자 웃었어.

啊, 小王子, 你过得很寂寞啊。
你除了看晚霞之外, 没有任何有趣的事啊。
第四天, 才更多地了解了你。
"我喜欢看晚霞, 我们一起去看晚霞吧。"
"但是想看晚霞的话, 需要等待。"
"等什么?"
"要落日才行。"
你一开始好像非常震惊, 然后自己笑了。

文章分析

134. 아, 어린 왕자, 너는 참 쓸쓸한 삶을 살았구나.

아,^啊 어린^小 왕자,^{王子} 너^你는 참^很 쓸쓸한^{쓸쓸하다 寂寞} 삶^{生活}을 살았구나.^{살다 过}

너는 참 쓸쓸한 삶을 살았구나.	过着啊
너는 참 쓸쓸한 삶을 살았구나.	过着生活啊
너는 참 쓸쓸한 삶을 살았구나.	过着寂寞的生活啊
너는 참 쓸쓸한 삶을 살았구나.	过着很寂寞的生活啊
너는 참 쓸쓸한 삶을 살았구나.	你过着很寂寞的生活啊
	啊, 小王子, 你过得很寂寞啊。

135. 너는 노을 보는 것 말고는 즐거운 것이 없었구나.

너^你는 노을^{晚霞} 보는^{보다 看} 것^事 말고^{以外}는 즐거운^{즐겁다 有趣} 것^事이 없었구나.^{없다 没有}

너는 노을 보는 것 말고는 즐거운 것이 없었구나.	没有啊
너는 노을 보는 것 말고는 즐거운 것이 없었구나.	没有事啊
너는 노을 보는 것 말고는 즐거운 것이 없었구나.	没有有趣的事啊
너는 노을 보는 것 말고는 즐거운 것이 없었구나.	除了看的事以外, 没有有趣的事啊

너는 노을 보는 것 말고는 즐거운 것이 없었구나.
　　　　　　　　　除了看晚霞的事以外, 没有有趣的事啊
너는 노을 보는 것 말고는 즐거운 것이 없었구나.
　　　　　　　　　你除了看晚霞的事以外, 没有有趣的事啊
　　　　　　　　　你除了看晚霞之外, 没有任何有趣的事啊。

136. 넷째 날, 비로소 너를 좀 더 알 수 있게 됐어.

넷째^{第四} 날,^日 비로소^才 너^你를 좀^{有点} 더^更 알^{알다知道} 수 있게^{수 있다可以} 됐어.^{되다成}

넷째 날, 비로소 너를 좀 더 알 수 있게 됐어. 成了
넷째 날, 비로소 너를 좀 더 알 수 있게 됐어. 成了可以知道了
넷째 날, 비로소 너를 좀 더 알 수 있게 됐어. 可以更多地知道了
넷째 날, 비로소 너를 좀 더 알 수 있게 됐어. 可以有点更多地知道了
넷째 날, 비로소 너를 좀 더 알 수 있게 됐어. 可以有点更多地知道了你
넷째 날, 비로소 너를 좀 더 알 수 있게 됐어. 才可以有点更多地知道了你
넷째 날, 비로소 너를 좀 더 알 수 있게 됐어.
　　　　　　　　　第四天, 才可以有点更多地知道了你
　　　　　　　　　第四天, 才更多地了解了你。

137. 나는 노을을 좋아해.

나^我는 노을^{晚霞}을 좋아해.^{좋아하다 喜欢}

나는 노을을 좋아해.　　喜欢晚霞
나는 노을을 좋아해.　　我喜欢晚霞

　　　　　　　　　　　　　　　　我喜欢看晚霞。

138. 우리 가서 노을 보자.

우리^{我们} 가서^{가다 去} 노을^{晚霞} 보자.^{보다 看}

우리 가서 노을 보자.　　看吧
우리 가서 노을 보자.　　看晚霞吧
우리 가서 노을 보자.　　去看晚霞吧
우리 가서 노을 보자.　　我们去看晚霞吧

　　　　　　　　　　　　　　　　我们一起去看晚霞吧。

139. 하지만 노을을 보려면 기다려야 돼.

하지만^{但是} 노을^{晚霞}을 보^{보다看}려^{想要}면^{的话} 기다려^{기다리다等待}야^才 돼^{되다行}.

하지만 노을을 보려면 기다려야 돼. 等待才行
하지만 노을을 보려면 기다려야 돼. 想要看的话, 等待才行
하지만 노을을 보려면 기다려야 돼. 想要看晚霞的话, 等待才行
하지만 노을을 보려면 기다려야 돼. 但是想要看晚霞的话, 等待才行

但是想看晚霞的话，需要等待。

140. 무얼 기다려?

무얼^{什么} 기다려?^{기다리다等}

무얼 기다려?　等?
무얼 기다려?　等什么?

等什么?

141. 해가 지는 걸 기다려야지.

해^{太阳}가 지는^{지다落} 걸^事 기다려^{기다리다等}야^才지.^行

해가 지는 걸 기다려야지. 等才行
해가 지는 걸 기다려야지. 等落日才行

等落日才行。

142. 넌 처음에 무척 놀란 것 같았어.

넌^你 처음^{起初}에^时 무척^{非常} 놀란^{놀라다震惊} 것^事 같았어.^{같다像}

넌 처음에 무척 놀란 것 같았어.	好像
넌 처음에 무척 놀란 것 같았어.	好像震惊
넌 처음에 무척 놀란 것 같았어.	好像非常震惊
넌 처음에 무척 놀란 것 같았어.	起初好像非常震惊
넌 처음에 무척 놀란 것 같았어.	你起初好像非常震惊

你一开始好像非常震惊。

143. 그리고 혼자 웃었어.

그리고^{然后} 혼자^{自己} 웃었어.^{웃다笑}

그리고 혼자 웃었어.	笑了
그리고 혼자 웃었어.	自己笑了
그리고 혼자 웃었어.	然后自己笑了

然后自己笑了。

1级敬语和连读

134. 아! 어린 왕자, 당신은 참 쓸쓸한 삶을 사셨습니다.
134. 아! 어린 왕자, 당시는 참 쓸쓰란 살믈 사셔씀니다.

135. 당신은 노을 보는 것 말고는 즐거운 것이 없었습니다.
135. 당시는 노을 보는 검 말고는 즐거운 거시 업써씀니다.

136. 넷째 날, 비로소 당신을 좀 더 알 수 있게 되었습니다.
136. 네짼 날, 비로소 당시늘 좀 더 알 쑤 이께 되어씀니다.

137. 저는 노을을 좋아합니다.
137. 저는 노으를 조아함니다.

138. 우리 가서 노을 보시지 않겠습니까?
138. 우리 가서 노을 보시지 안케씀니까?

139. 하지만 노을을 보려면 기다려야 됩니다.
139. 하지만 노으를 보려면 기다려야 됨니다.

140. 무엇을 기다립니까?
140. 무어슬 기다림니까?

141. 해가 지는 것을 기다려야 합니다.
141. 해가 지는 거슬 기다려야 함니다.

142. 당신은 처음에 무척 놀란 것 같았습니다.
142. 당시는 처으메 무청 놀랑 거 까타씀니다.

143. 그리고 혼자 웃었습니다.
143. 그리고 혼자 우서씀니다.

2级敬语和连读

134. 아! 어린 왕자, 당신은 참 쓸쓸한 삶을 살았군요.
134. 아! 어리 놧자, 당시는 참 쓸쓰란 살믈 사라꾼뇨.

135. 당신은 노을 보는 것 말고는 즐거운 것이 없었군요.
135. 당시는 노을 보는 검 말고는 즐거웅 거시 업써꾼뇨.

136. 넷째 날, 비로소 당신을 좀 더 알 수 있게 됐어요.
136. 네짼 날, 비로소 당시늘 좀 더 알 쑤 이께 돼써여.

137. 저는 노을을 좋아해요.
137. 저는 노으를 조아해여.

138. 우리 가서 노을 봐요.
138. 우리 가서 노을 봐여.

139. 하지만 노을을 보려면 기다려야 돼요.
139. 하지만 노으를 보려면 기다려야 돼여.

140. 무얼 기다려요?
140. 무얼 기다려여?

141. 해가 지는 걸 기다려야죠.
141. 해가 지능 걸 기다려야저.

142. 당신은 처음에 무척 놀란 것 같았어요.
142. 당시는 처으메 무청 놀랑 거 까타써여.

143. 그리고 혼자 웃었어요.
143. 그리고 혼자 우서써여.

열세 번째 날 179

3级敬语和连读

134. 아! 어린 왕자, 너는 참 쓸쓸한 삶을 살았구나.
134. 아! 어리 놯자, 너는 참 쓸쓰란 살믈 사라꾸나.

135. 너는 노을 보는 것 말고는 즐거운 것이 없었구나.
135. 너는 노을 보능 검 말고는 즐거운 거시 업써꾸나.

136. 넷째 날, 비로소 너를 좀 더 알 수 있게 됐어.
136. 네짼 날, 비로소 너를 좀 더 알 쑤 이께 돼써.

137. 나는 노을을 좋아해.
137. 나는 노으를 조아해.

138. 우리 가서 노을 보자.
138. 우리 가서 노을 보자.

139. 하지만 노을을 보려면 기다려야 돼.
139. 하지만 노으를 보려면 기다려야 돼.

140. 무얼 기다려?
140. 무얼 기다려?

141. 해가 지는 걸 기다려야지
141. 해가 지능 걸 기다려야지.

142. 넌 처음에 무척 놀란 것 같았어.
142. 넌 처으메 무청 놀랑 거 까타써.

143. 그리고 혼자 웃었어.
143. 그리고 혼자 우서써.

4级敬语和连读

134. 아! 어린 왕자, 너는 참 쓸쓸한 삶을 살았다.
134. 아! 어리 왕자, 너는 참 쓸쓰란 살믈 사라따.

135. 너는 노을 보는 것 말고는 즐거운 것이 없었다.
135. 너는 노을 보는 검 말고는 즐거웅 거시 업써따.

136. 넷째 날, 비로소 너를 좀 더 알 수 있게 되었다.
136. 네짼 날, 비로소 너를 좀 더 알 쑤 이께 되어따.

137. 나는 노을을 좋아한다.
137. 나는 노으를 조아한다.

138. 우리 가서 노을 보자.
138. 우리 가서 노을 보자.

139. 하지만 노을을 보려면 기다려야 된다.
139. 하지만 노으를 보려면 기다려야 된다.

140. 무엇을 기다리나?
140. 무어슬 기다리나?

141. 해가 지는 것을 기다려야 한다.
141. 해가 지능 거슬 기다려야 한다.

142. 넌 처음에 무척 놀란 것 같았다.
142. 넌 처으메 무청 놀랑 거 까타따.

143. 그리고 혼자 웃었다.
143. 그리고 혼자 우서따.

分析练习

139. 하지만 노을을 보려면 기다려야 돼.

翻译练习

하지만 노을을 보려면 기다려야 돼.
하지만 노을을 보려면 기다려야 돼.
하지만 노을을 보려면 기다려야 돼.
하지만 노을을 보려면 기다려야 돼.

敬语练习

138. 我们一起去看晚霞吧。

（1级敬语）

（2级敬语）

（3级敬语）

（4级敬语）

열네 번째 날
第十四天

너는 나한테 말했어.

"난 내가 우리 별에 있는 줄 알았어!"

너의 작은 별에서는, 의자를 조금 옮기면 충분하겠지.

그래서 너는 보고 싶을 때마다 노을을 봤어. 어떤 날은 마흔 세 번이나 노을을 본 적도 있었어!

그리고 조금 있다가 너는 말했어.

"너도 알지… 사람은 쓸쓸할 때 노을이 좋아져."

"그럼 마흔 세 번 노을을 보던 날 너는 그렇게 쓸쓸했어?"

하지만 어린 왕자는 아무 말도 하지 않았어요.

你对我说,

"我还以为我在我的星球上!"

在你的小星球上, 稍微移动椅子就足够了吧。

所以你随时想看的时候, 就看晚霞了, 有一天, 看了晚霞四十三次之多。

过了一会, 你又说,

"那你也知道吧, 人寂寞的时候喜欢看晚霞。"

"那么看了四十三次晚霞的那一天你那么寂寞吗?"

可是小王子什么话也没说。

文章分析

144. 너는 나한테 말했어.

너^{你}는 나^{我}한테^{对} 말했어.$^{말하다 说}$

너는 나한테 말했어.　　说
너는 나한테 말했어.　　对我说
너는 나한테 말했어.　　你对我说

　　　　　　　　　　　　　　　　你对我说,

145. 난 내가 우리 별에 있는 줄 알았어!

난^{我} 내^{我}가 우리^{我们} 별^{星球}에^{在} 있는$^{있다 在}$ 줄^{事} 알았어!$^{알다 以为}$

난 내가 우리 별에 있는 줄 알았어!　以为
난 내가 우리 별에 있는 줄 알았어!　以为　在
난 내가 우리 별에 있는 줄 알았어!　以为　在星球
난 내가 우리 별에 있는 줄 알았어!　以为　在我的星球
난 내가 우리 별에 있는 줄 알았어!　以为　我在我的星球
난 내가 우리 별에 있는 줄 알았어!　我以为　我在我的星球

　　　　　　　　　　　　　　　我还以为我在我的星球上!

146. 너의 작은 별에서는, 의자를 조금 옮기면 충분하겠지.

너^你의^的 작은^{작다小} 별^{星球}에서^里는, 의자^{椅子}를 조금^{稍微} 옮기^{옮기다移动}면^{的话} 충분하^{충분하다足够}겠^{猜测}지.

너의 작은 별에서는, 의자를 조금 옮기면 충분하겠지.
              我猜测足够了
너의 작은 별에서는, 의자를 조금 옮기면 충분하겠지.
             的话 我猜测足够了
너의 작은 별에서는, 의자를 조금 옮기면 충분하겠지.
            移动的话 我猜测足够了
너의 작은 별에서는, 의자를 조금 옮기면 충분하겠지.
          稍微移动的话 我猜测足够了
너의 작은 별에서는, 의자를 조금 옮기면 충분하겠지.
         稍微移动椅子的话 我猜测足够了
너의 작은 별에서는, 의자를 조금 옮기면 충분하겠지.
        在星球上, 稍微移动椅子的话 我猜测足够了
너의 작은 별에서는, 의자를 조금 옮기면 충분하겠지.
       在小星球上, 稍微移动椅子的话 我猜测足够了
너의 작은 별에서는, 의자를 조금 옮기면 충분하겠지.
      在你的小星球上, 稍微移动椅子的话 我猜测足够了
       在你的小星球上, 稍微移动椅子就足够了吧。

147. 그래서 너는 보고 싶을 때마다 노을을 봤어.

그래서^(所以) 너^(你)는 보고^(보다看) 싶을^(싶다想) 때^(时候)마다^(每个) 노을^(晚霞)을 봤어.^(보다看)

그래서 너는 보고 싶을 때마다 노을을 봤어.　看了
그래서 너는 보고 싶을 때마다 **노을을** 봤어.　看晚霞了
그래서 너는 보고 싶을 **때마다** 노을을 봤어.　随时, 看晚霞了
그래서 너는 **보고 싶을** 때마다 노을을 봤어.　随时想看的时候, 看晚霞了
그래서 **너는** 보고 싶을 때마다 노을을 봤어.　你随时想看的时候, 看晚霞了
그래서 너는 보고 싶을 때마다 노을을 봤어.
　　　　　　　　　　　　　所以你随时想看的时候, 看晚霞了
　　　　　　　　　　　　　所以你随时想看的时候, 就看晚霞了。

148. 어떤 날은 마흔 세 번이나 노을을 본 적도 있었어!

어떤^(有一) 날^(日)은 마흔^(四十) 세^(三) 번^(次)이나^(之多) 노을^(晚霞)을 본^(보다看) 적도 있었어!^(적도 있다 也有做过)

어떤 날은 마흔 세 번이나 노을을 본 적도 **있었어!**　　有了
어떤 날은 마흔 세 번이나 노을을 본 **적도** 있었어!　　也有看的时候
어떤 날은 마흔 세 번이나 노을을 **본** 적도 있었어!　　也有看晚霞的时候
어떤 날은 **마흔 세 번이나** 노을을 본 적도 있었어!
　　　　　　　　　　　　　也有看晚霞四十三次之多的时候
어떤 날은 마흔 세 번이나 노을을 본 적도 있었어!
　　　　　　　　　　　有一天, 也有看晚霞四十三次之多的时候
　　　　　　　　　　　有一天, 看了晚霞四十三次之多。

149. 그리고 조금 있다가 너는 말했어.

그리고^{然后} 조금^{一会} 있다가^{等以后} 너^你는 말했어.^{말하다说}

그리고 조금 있다가 너는 말했어.	你说
그리고 조금 있다가 너는 말했어.	等以后, 你说
그리고 조금 있다가 너는 말했어.	等一会以后, 你说
그리고 조금 있다가 너는 말했어.	然后等一会以后, 你说

过了一会, 你又说,

150. 너도 알지… 사람은 쓸쓸할 때 노을이 좋아져.

너^你도^也 알지…^{알다知道} 사람^人은 쓸쓸할^{쓸쓸하다寂寞} 때^{时候} 노을^{晚霞}이 좋아^{좋아하다喜欢}져.^{지다变得}

너도 알지… 사람은 쓸쓸할 때 노을이 좋아져.	变得喜欢
너도 알지… 사람은 쓸쓸할 때 노을이 좋아져.	变得喜欢晚霞
너도 알지… 사람은 쓸쓸할 때 노을이 좋아져.	寂寞的时候 变得喜欢晚霞
너도 알지… 사람은 쓸쓸할 때 노을이 좋아져.	人寂寞的时候 变得喜欢晚霞
너도 알지… 사람은 쓸쓸할 때 노을이 좋아져.	你也知道, 人寂寞的时候 变得喜欢晚霞

那你也知道吧, 人寂寞的时候喜欢看晚霞。

열네 번째 날

151. 그럼 마흔 세 번 노을을 보던 날 너는 그렇게 쓸쓸했어?

그럼^{那么} 마흔^{四十} 세^三 번^次 노을^{晚霞}을 보던^{看的} 날^日 너^你는 그렇게^{那么} 쓸쓸했어?
쓸쓸하다寂寞

그럼 마흔 세 번 노을을 보던 날 너는 그렇게 쓸쓸했어?
　　　　　　　　　　　　　　　　　　　　寂寞吗?
그럼 마흔 세 번 노을을 보던 날 너는 그렇게 쓸쓸했어?
　　　　　　　　　　　　　　　　　　　那么寂寞吗?
그럼 마흔 세 번 노을을 보던 날 너는 그렇게 쓸쓸했어?
　　　　　　　　　　　　　　　　　　你那么寂寞吗?
그럼 마흔 세 번 노을을 보던 날 너는 그렇게 쓸쓸했어?
　　　　　　　　　　　　　　　　看的那一天你那么寂寞吗?
그럼 마흔 세 번 노을을 보던 날 너는 그렇게 쓸쓸했어?
　　　　　　　　　　　　　　看晚霞的那一天你那么寂寞吗?
그럼 마흔 세 번 노을을 보던 날 너는 그렇게 쓸쓸했어?
　　　　　　　　　　　　四十三次看晚霞的那一天你那么寂寞吗?
그럼 마흔 세 번 노을을 보던 날 너는 그렇게 쓸쓸했어?
　　　　　　　　　　那么四十三次看晚霞的那一天你那么寂寞吗?
　　　　　　　　　那么看了四十三次晚霞的那一天你那么寂寞吗?

152. 하지만 어린 왕자는 아무 말도 하지 않았어요.

하지만^{可是} 어린^小 왕자^{王子}는 아무^{任何} 말^话도^也 하지^{하다做} 않았어요.^{않다不}

하지만 어린 왕자는 아무 말도 하지 않았어요.
没有做

하지만 어린 왕자는 아무 말도 하지 않았어요.
也没说话

하지만 어린 왕자는 아무 말도 하지 않았어요.
任何话也没说

하지만 어린 왕자는 아무 말도 하지 않았어요.
小王子任何话也没说

하지만 어린 왕자는 아무 말도 하지 않았어요.
可是小王子任何话也没说
可是小王子什么话也没说。

1级敬语和连读

144. 당신은 저에게 말했습니다.
144. 당시는 저에게 마래씀니다.

145. 전 제가 저희 별에 있는 줄 알았습니다!
145. 전 제가 저이 벼레 인는 주 라라씀니다!

146. 당신의 작은 별에서는, 의자를 조금 옮기면 충분할 것입니다.
146. 당시네 자근 벼레서는, 의자를 조금 옴기면 충부날 꺼심니다.

147. 그래서 당신은 보고 싶을 때마다 노을을 보았습니다.
147. 그래서 당시는 보고 시플 때마다 노으를 보아씀니다.

148. 어떤 날은 마흔 세 번이나 노을을 본 적도 있었습니다!
148. 어떤 나른 마흔 세 버니나 노으를 본 적또 이써씀니다!

149. 그리고 조금 있다가 당신은 말씀하셨습니다.
149. 그리고 조그 미따가 당시는 말쓰마셔씀니다.

150. 당신도 아십니다… 사람은 쓸쓸할 때 노을이 좋아집니다.
150. 당신도 아심니다… 사라믄 쓸쓰랄 때 노으리 조아짐니다.

151. 그럼 마흔 세 번 노을을 보던 날 당신은 그렇게 쓸쓸하셨습니까?
151. 그럼 마흔 세 번 노으를 보던 날 당시는 그러케 쓸쓰라셔씀니까?

152. 하지만 어린 왕자는 아무 말도 하지 않았습니다.
152. 하지만 어리 낭자는 아무 말도 하지 아나씀니다.

2级敬语和连读

144. 너는 나한테 말했어.
144. 너는 나안테 마래써.

145. 전 제가 저희 별에 있는 줄 알았어요!
145. 전 제가 저이 벼레 인는 주 라라써여!

146. 당신의 작은 별에서는, 의자를 조금 옮기면 충분하겠지요.
146. 당시네 자근 벼레서는, 의자를 조금 옴기면 충부나게찌요.

147. 그래서 당신은 보고 싶을 때마다 노을을 봤어요.
147. 그래서 당시는 보고 시플 때마다 노으를 봐써여.

148. 어떤 날은 마흔 세 번이나 노을을 본 적도 있었어요!
148. 어떤 나른 마흔 세 버니나 노으를 본 적또 이써써여!

149. 그리고 조금 있다가 당신은 말했어요.
149. 그리고 조그 미따가 당시는 마래써여.

150. 당신도 알죠… 사람은 쓸쓸할 때 노을이 좋아져요.
150. 당신도 알죠… 사라믄 쓸쓰랄 때 노으리 조아져여.

151. 그럼 마흔 세 번 노을을 보던 날 당신은 그렇게 쓸쓸했어요?
151. 그럼 마흔 세 번 노으를 보던 날 당시는 그러케 쓸쓰래써여?

152. 하지만 어린 왕자는 아무 말도 하지 않았어요.
152. 하지만 어리 낭자는 아무 말도 하지 아나써여.

열네 번째 날 193

3级敬语和连读

144. 너는 나한테 말했어.
144. 너는 나한테 마래써.

145. 난 내가 우리 별에 있는 줄 알았어!
145. 난 내가 우리 벼레 인는 주 라라써!

146. 너의 작은 별에서는, 의자를 조금 옮기면 충분하겠지.
146. 너에 자근 벼레서는, 의자를 조금 옴기면 충부나게찌.

147. 그래서 너는 보고 싶을 때마다 노을을 봤어.
147. 그래서 너는 보고 시플 때마다 노으를 봐써.

148. 어떤 날은 마흔 세 번이나 노을을 본 적도 있었어!
148. 어떤 나른 마흔 세 버니나 노으를 본 적또 이써써!

149. 그리고 조금 있다가 너는 말했어.
149. 그리고 조그 미따가 너는 마래써.

150. 너도 알지… 사람은 쓸쓸할 때 노을이 좋아져.
150. 너도 알지… 사라믄 쓸쓰랄 때 노으리 조아져.

151. 그럼 마흔 세 번 노을을 보던 날 너는 그렇게 쓸쓸했어?
151. 그럼 마흔 세 번 노으를 보던 날 너는 그러케 쓸쓰래써?

152. 하지만 어린 왕자는 아무 말도 하지 않았어.
152. 하지만 어리 왕자는 아무 말도 하지 아나써.

4级敬语和连读

144. 너는 나에게 말했다.
144. 너는 나에게 마래따.

145. 난 내가 우리 별에 있는 줄 알았다!
145. 난 내가 우리 벼레 인는 주 라라따!

146. 너의 작은 별에서는, 의자를 조금 옮기면 충분할 것이다.
146. 너에 자근 벼레서는, 의자를 조금 옴기면 충부날 꺼시다.

147. 그래서 너는 보고 싶을 때마다 노을을 보았다.
147. 그래서 너는 보고 시플 때마다 노으를 보아따.

148. 어떤 날은 마흔 세 번이나 노을을 본 적도 있었다!
148. 어떤 나른 마흔 세 버니나 노으를 본 적또 이써따!

149. 그리고 조금 있다가 너는 말했다.
149. 그리고 조그 미따가 너는 마래따.

150. 너도 알지⋯ 사람은 쓸쓸할 때 노을이 좋아진다.
150. 너도 알지⋯ 사라믄 쓸쓰랄 때 노으리 조아진다.

151. 그럼 마흔 세 번 노을을 보던 날 너는 그렇게 쓸쓸했나?
151. 그럼 마흔 세 번 노으를 보던 날 너는 그러케 쓸쓰랜나?

152. 하지만 어린 왕자는 아무 말도 하지 않았다.
152. 하지만 어리 놩자는 아무 말도 하지 아나따.

分析练习

147. 그래서 너는 보고 싶을 때마다 노을을 봤어.

翻译练习

그래서 너는 보고 싶을 때마다 노을을 봤어.
그래서 너는 보고 싶을 때마다 **노을을** 봤어.
그래서 너는 **보고 싶을 때마다** 노을을 봤어.
그래서 **너는** 보고 싶을 때마다 노을을 봤어.
그래서 너는 보고 싶을 때마다 노을을 봤어.

敬语练习

149. 过了一会,你又说,

（1级敬语）

（2级敬语）

（3级敬语）

（4级敬语）

열다섯 번째 날
第十五天

다섯째 날, 양 그림 덕분에 어린 왕자의 삶의 비밀을 알게 됐어요. 그 애는 오랫동안 생각하다가 갑자기 저에게 물었어요.

"저기, 양이 작은 나무도 먹잖아. 그런데 꽃도 먹어?"

"양은 아무거나 다 먹어."

"가시가 있는 꽃도 먹어?"

"응. 가시가 있는 꽃도 먹어."

"그러면 가시는 왜 있어?"

"나도 몰라."

저는 그때 비행기를 고치느라 정신이 없었어요. 걱정이 많았어요. 고장이 심각했고, 마실 물이 떨어지고 있었거든요.

第五天,因着给他画的羊,我知道了小王子生活的秘密。

那个孩子思考了很久,突然问我说,

"那个,羊不是也吃灌木嘛,那也吃花吗?"

"羊什么都吃。"

"也吃有尖刺的花吗?"

"嗯,也吃有尖刺的花。"

"那么为什么有尖刺呢?"

"我也不知道。"

我当时在修理飞机忙的不可开交,很担心。

因为故障很严重,可喝的水在不断减少。

文章分析

153. 다섯째 날, 양 그림 덕분에 어린 왕자의 삶의 비밀을 알게 됐어요.

다섯째^{第五} 날,^日 양^羊 그림^画 덕분에^{因着} 어린 왕자^{小王子}의^的 삶^{生活}의^的 비밀^{秘密}을 알게^{알다知道} 됐어요.^{되다变得}

다섯째 날, 양 그림 덕분에 어린 왕자의 삶의 비밀을 알게 됐어요.
                知道了

다섯째 날, 양 그림 덕분에 어린 왕자의 삶의 비밀을 알게 됐어요.
              知道了秘密

다섯째 날, 양 그림 덕분에 어린 왕자의 삶의 비밀을 알게 됐어요.
            知道了生活的秘密

다섯째 날, 양 그림 덕분에 어린 왕자의 삶의 비밀을 알게 됐어요.
          知道了小王子生活的秘密

다섯째 날, 양 그림 덕분에 어린 왕자의 삶의 비밀을 알게 됐어요.
        因着羊的画, 知道了小王子生活的秘密

다섯째 날, 양 그림 덕분에 어린 왕자의 삶의 비밀을 알게 됐어요.
      第五天, 因着羊的画, 知道了小王子生活的秘密
    第五天, 因着给他画的羊, 我因此知道了小王子生活的秘密。

154. 그 애는 오랫동안 생각하다가 갑자기 저에게 물었어요.

그^那 애^{孩子}는 오랫^久동안^{期间} 생각하다가^{생각하다思考} 갑자기^{突然} 저^我에게^给 물었어요.^{묻다问}

그 애는 오랫동안 생각하다가 갑자기 저에게 물었어요.　问
그 애는 오랫동안 생각하다가 갑자기 저에게 물었어요.　问我
그 애는 오랫동안 생각하다가 갑자기 저에게 물었어요.　突然问我
그 애는 오랫동안 생각하다가 갑자기 저에게 물었어요.　思考, 突然问我
그 애는 오랫동안 생각하다가 갑자기 저에게 물었어요.　思考很久, 突然问我
그 애는 오랫동안 생각하다가 갑자기 저에게 물었어요.
　　　　　　　　　　　　　　　　　那个孩子思考很久, 突然问我
　　　　　　　　　　　　　　　　那个孩子思考了很久, 突然问我说,

155. 저기, 양이 작은 나무도 먹잖아. 그런데 꽃도 먹어?

저기, 양^{那个}이 작은^小 나무^木도^也 먹^{먹다吃}잖아.^{不是嘛} 그런데^那 꽃^花도^也 먹어?^{먹다吃}

저기, 양이 작은 나무도 먹잖아. 그런데 꽃도 먹어?　吃吗?
저기, 양이 작은 나무도 먹잖아. 그런데 꽃도 먹어?　也吃花吗?
저기, 양이 작은 나무도 먹잖아. 그런데 꽃도 먹어?　那也吃花吗?
저기, 양이 작은 나무도 먹잖아. 그런데 꽃도 먹어?
　　　　　　　　　　　　　　　　　　　不是吃嘛, 那也吃花吗?

저기, 양이 작은 나무도 먹잖아. 그런데 꽃도 먹어?

不是也吃灌木嘛, 那也吃花吗?

저기, 양이 작은 나무도 먹잖아. 그런데 꽃도 먹어?

羊不是也吃灌木嘛, 那也吃花吗?

저기, 양이 작은 나무도 먹잖아. 그런데 꽃도 먹어?

那个, 羊不是也吃灌木嘛, 那也吃花吗?

那个, 羊不是也吃灌木嘛, 那也吃花吗?

156. 양은 아무거나 다 먹어.

양^{羊}은 아무거나^{无论任何} 다^{都} 먹어.^{먹다吃}

양은 아무거나 다 먹어.	都吃
양은 아무거나 다 먹어.	无论任何都吃
양은 아무거나 다 먹어.	羊无论任何都吃

羊什么都吃。

157. 가시가 있는 꽃도 먹어?

가시^{尖刺}가 있는^{있다有} 꽃^{花}도^{也} 먹어?^{먹다吃}

가시가 있는 꽃도 먹어?	吃吗?
가시가 있는 꽃도 먹어?	也吃花吗?
가시가 있는 꽃도 먹어?	也吃有的花吗?
가시가 있는 꽃도 먹어?	也吃有尖刺的花吗?

也吃有尖刺的花吗?

158. 응, 가시가 있는 꽃도 먹어.

응.^嗯 가시^{尖刺}가 있는^{있다有} 꽃^花도^也 먹어.^{먹다吃}

嗯，也吃有尖刺的花。

159. 그러면 가시는 왜 있어?

그러면^{那么} 가시^{尖刺}는 왜^{为什么} 있어?^{있다有}

그러면 가시는 왜 있어?　为什么有呢?
그러면 가시는 왜 있어?　尖刺为什么有呢?
그러면 가시는 왜 있어?　那么尖刺为什么有呢?

那么为什么有尖刺呢?

160. 나도 몰라.

나^我도^也 몰라.^{모르다不知道}

나도 몰라.　我也不知道

我也不知道。

161. 저는 그때 비행기를 고치느라 정신이 없었어요.

저^我는 그^那 때^{时候} 비행기^{飞机}를 고치^{고치다修理}느라^{因为} 정신^{精神}이 없었어요.^{없다没有}

저는 그때 비행기를 고치느라 정신이 없었어요.	没有
저는 그때 비행기를 고치느라 정신이 없었어요.	没有精神
저는 그때 비행기를 고치느라 정신이 없었어요.	因为修理 没有精神

저는 그때 비행기를 고치느라 정신이 없었어요.
　　　　　　　　　　　　　　因为修理飞机 没有精神

저는 그때 비행기를 고치느라 정신이 없었어요.
　　　　　　　　　　　　　　因为当时修理飞机 没有精神

저는 그때 비행기를 고치느라 정신이 없었어요.
　　　　　　　　　　　　因为我当时修理飞机 没有精神
　　　　　　　　　　　　我当时在修理飞机忙的不可开交。

162. 걱정이 많았어요.

걱정^{担心}이 많았어요.^{많다多}

걱정이 많았어요.　　担心很多

　　　　　　　　　　　　　　　　　很担心。

163. 고장이 심각했고, 마실 물이 떨어지고 있었거든요.

고장^{故障}이 심각했고,^{심각하다 严重} 마실^{마시다 喝} 물^水이 떨어지고^{떨어지다 减少} 있었^{있다 在}거든요.^{因为}

고장이 심각했고, 마실 물이 **떨어지고** 있었거든요.　　因为正在减少

고장이 심각했고, 마실 **물이 떨어지고** 있었거든요.　　因为水正在减少

고장이 심각했고, **마실 물이 떨어지고** 있었거든요.

　　　　　　　　　　　　　　　　　　因为可喝的水正在减少

고장이 **심각했고, 마실 물이 떨어지고** 있었거든요.

　　　　　　　　　　　　　　　　因为严重, 可喝的水正在减少

고장이 심각했고, 마실 물이 떨어지고 있었거든요.

　　　　　　　　　　　　　　因为故障严重, 可喝的水正在减少

　　　　　　　　　　因为故障很严重, 可喝的水在不断减少。

1级敬语和连读

153. 다섯째 날, 양 그림 덕분에 어린 왕자의 삶의 비밀을 알게 되었습니다.
153. 다서째 날, 양 그림 덕뿌네 어리 낭자에 살메 비미를 알게 되어씀니다.

154. 그 아이는 오랫동안 생각하다가 갑자기 저에게 물었습니다.
154. 그 아이는 오래똥안 생가카다가 갑짜기 저에게 무러씀니다.

155. 저, 양이 작은 나무도 먹지 않습니까. 그런데 꽃도 먹습니까?
155. 저, 양이 자근 나무도 먹찌 안씀니까. 그런데 꼬또 먹씀니까?

156. 양은 아무거나 다 먹습니다.
156. 양은 아무거나 다 먹씀니다.

157. 가시가 있는 꽃도 먹습니까?
157. 가시가 인는 꼬또 먹씀니까?

158. 예. 가시가 있는 꽃도 먹습니다.
158. 예. 가시가 인는 꼬또 먹씀니다.

159. 그러면 가시는 왜 있습니까?
159. 그러면 가시는 왜 이씀니까?

160. 저도 모릅니다.
160. 저도 모름니다.

161. 저는 그때 비행기를 고치느라 정신이 없었습니다.
161. 저는 그때 비행기를 고치느라 정시니 업써씀니다.

162. 걱정이 많았습니다.
162. 걱쩡이 마나씀니다.

163. 고장이 심각했고, 마실 물이 떨어지고 있었기 때문입니다.
163. 고장이 심가캐꼬, 마실 무리 떠러지고 이써끼 때무님니다.

2级敬语和连读

153. 다섯째 날, 양 그림 덕분에 어린 왕자의 삶의 비밀을 알게 됐어요.
153. 다서짼 날, 양 그림 덕뿌네 어리 낭자에 살메 비미를 알게 돼써여.

154. 그 애는 오랫동안 생각하다가 갑자기 저에게 물었어요.
154. 그 애는 오래똥안 생가카다가 갑짜기 저에게 무러써여.

155. 저, 양이 작은 나무도 먹잖아요. 그런데 꽃도 먹어요?
155. 저, 양이 자근 나무도 먹짜나여. 그런데 꼬또 머거여?

156. 양은 아무거나 다 먹어요.
156. 양은 아무거나 다 머거여.

157. 가시가 있는 꽃도 먹어요?
157. 가시가 인는 꼬또 머거여?

158. 네. 가시가 있는 꽃도 먹어요.
158. 네. 가시가 인는 꼬또 머거여.

159. 그러면 가시는 왜 있어요?
159. 그러면 가시는 왜 이써여?

160. 저도 몰라요.
160. 저도 몰라여.

161. 저는 그때 비행기를 고치느라 정신이 없었어요.
161. 저는 그때 비행기를 고치느라 정시니 업써써여.

162. 걱정이 많았어요.
162. 걱쩡이 마나써여.

163. 고장이 심각했고, 마실 물이 떨어지고 있었거든요.
163. 고장이 심가캐꼬, 마실 무리 떠러지고 이써꺼든녀.

열다섯 번째 날 **207**

3级敬语和连读

153. 다섯째 날, 양 그림 덕분에 어린 왕자의 삶의 비밀을 알게 됐어.
153. 다서째 날, 양 그림 덕뿌네 어리 낭자에 살메 비미를 알게 돼써.

154. 그 애는 오랫동안 생각하다가 갑자기 내게 물었어.
154. 그 애는 오래똥안 생가카다가 갑짜기 내게 무러써.

155. 저기, 양이 작은 나무도 먹잖아. 그런데 꽃도 먹어?
155. 저기, 양이 자근 나무도 먹짜나. 그런데 꼬또 머거?

156. 양은 아무거나 다 먹어.
156. 양은 아무거나 다 머거.

157. 가시가 있는 꽃도 먹어?
157. 가시가 인는 꼬또 머거?

158. 응. 가시가 있는 꽃도 먹어.
158. 응. 가시가 인는 꼬또 머거.

159. 그러면 가시는 왜 있어?
159. 그러면 가시는 왜 이써?

160. 나도 몰라.
160. 나도 몰라.

161. 나는 그때 비행기를 고치느라 정신이 없었어.
161. 나는 그때 비행기를 고치느라 정시니 업써써.

162. 걱정이 많았어.
162. 걱쩡이 마나써.

163. 고장이 심각했고, 마실 물이 떨어지고 있었거든.
163. 고장이 심가캐꼬, 마실 무리 떠러지고 이써꺼든.

4级敬语和连读

153. 다섯째 날, 양 그림 덕분에 어린 왕자의 삶의 비밀을 알게 되었다.
153. 다서짼 날, 양 그림 덕뿌네 어리 놩자에 살메 비미를 알게 되어따.

154. 그 아이는 오랫동안 생각하다가 갑자기 나에게 물었다.
154. 그 아이는 오래똥안 생가카다가 갑짜기 나에게 무러따.

155. 저, 양이 작은 나무도 먹지 않나. 그런데 꽃도 먹나?
155. 저, 양이 자근 나무도 먹찌 안나. 그런데 꼬또 멍나?

156. 양은 아무거나 다 먹는다.
156. 양은 아무거나 다 멍는다.

157. 가시가 있는 꽃도 먹나?
157. 가시가 인는 꼬또 멍나?

158. 응. 가시가 있는 꽃도 먹는다.
158. 응. 가시가 인는 꼬또 멍는다.

159. 그러면 가시는 왜 있나?
159. 그러면 가시는 왜 인나?

160. 나도 모른다.
160. 나도 모른다.

161. 나는 그때 비행기를 고치느라 정신이 없었다.
161. 나는 그때 비행기를 고치느라 정시니 업써따.

162. 걱정이 많았다.
162. 걱쩡이 마나따.

163. 고장이 심각했고, 마실 물이 떨어지고 있었기 때문이다.
163. 고장이 심가캐꼬, 마실 무리 떠러지고 이써끼 때무니다.

열다섯 번째 날

分析练习

155. 저기, 양이 작은 나무도 먹잖아. 그런데 꽃도 먹어?

翻译练习

저기, 양이 작은 나무도 먹잖아. 그런데 꽃도 먹어?
저기, 양이 작은 나무도 먹잖아. 그런데 꽃도 먹어?
저기, 양이 작은 나무도 먹잖아. 그런데 꽃도 먹어?
저기, 양이 작은 나무도 먹잖아. 그런데 꽃도 먹어?
저기, 양이 작은 나무도 먹잖아. 그런데 꽃도 먹어?
저기, 양이 작은 나무도 먹잖아. 그런데 꽃도 먹어?
저기, 양이 작은 나무도 먹잖아. 그런데 꽃도 먹어?

敬语练习

158. 嗯, 也吃有尖刺的花。

（1级敬语）

（2级敬语）

（3级敬语）

（4级敬语）

열여섯 번째 날
第十六天

"그럼 가시는 왜 있어?"

어린 왕자는 한 번 질문하면 포기하는 법이 없었어요.

저는 비행기가 고쳐지지 않아서 아주 신경 쓰였어요. 그래서 그냥 대답했어요.

"가시는 아무것도 아니야. 꽃한테는 아무 쓸모없는 부분이야."

"아!"

조금 있다가, 그 애는 저한테 화냈어요.

"난 안 믿어! 꽃은 순진해. 꽃은 자기를 지킬 수 있다고 생각해. 꽃은 가시가 있어서 자기가 강하다고 생각해. 그럼 너는 믿어? 꽃이…"

"아니야! 아니야! 난 안 믿어."

전 귀찮아서 그냥 이렇게 말했어요.

"난 중요한 일 때문에 바빠!"

그 애는 저를 말없이 봤어요.

"那么为什么有尖刺呢?"

小王子一次提问的话,就不会放弃。

我修不好飞机很苦恼,所以随便回答他,

"尖刺不算什么,对于花来说,是没有任何用处的部分。"

"啊!"

过了一会,那个孩子对我生气了。

"我不相信!花很纯真,花以为她可以保护自己,花以为自己有尖刺就很厉害,那么你信吗?花是…"

"不,不, 我不相信。"

我觉得很麻烦就那样说,

"我在做重要的事情很忙!"

那个孩子呆呆地看着我。

文章分析

164. 그럼 가시는 왜 있어?

그럼^{那么} 가시^{尖刺}는 왜^{为什么} 있어?^{있다 有}

그럼 가시는 왜 있어?　　为什么有呢?
그럼 가시는 왜 있어?　　那么尖刺为什么有呢?
　　　　　　　　　　　　　　　那么为什么有尖刺呢?

165. 어린 왕자는 한 번 질문하면 포기하는 법이 없었어요.

어린^小 왕자^{王子}는 한^一 번^次 질문하^{질문하다 提问}면^{的话} 포기하는^{포기하다 放弃} 법^{情况}이 없었어요.^{없다 没有}

어린 왕자는 한 번 질문하면 포기하는 법이 없었어요.　没有
어린 왕자는 한 번 질문하면 포기하는 법이 없었어요.　没有情况
어린 왕자는 한 번 질문하면 포기하는 법이 없었어요.　没有放弃的情况
어린 왕자는 한 번 질문하면 포기하는 법이 없었어요.
　　　　　　　　　　　　　　　　　　　　提问的话, 没有放弃的情况
어린 왕자는 한 번 질문하면 포기하는 법이 없었어요.
　　　　　　　　　　　　　　　　　　一次提问的话, 没有放弃的情况
어린 왕자는 한 번 질문하면 포기하는 법이 없었어요.
　　　　　　　　　　　　　　　　小王子一次提问的话, 没有放弃的情况
　　　　　　　　　　　　　　　　　　小王子一次提问的话, 就不会放弃。

166. 저는 비행기가 고쳐지지 않아서 아주 신경 쓰였어요.

저^我는 비행기^{飞机}가 고쳐지지^{고치다修理} 않아^{않다不}서^{因为} 아주^很 신경 쓰였어요.^{신경쓰다苦恼}

저는 비행기가 고쳐지지 않아서 아주 신경 쓰였어요.　苦恼
저는 비행기가 고쳐지지 않아서 아주 신경 쓰였어요.　很苦恼
저는 비행기가 고쳐지지 않아서 아주 신경 쓰였어요.
　　　　　　　　　　　　　　　　　因为修理不好, 很苦恼
저는 비행기가 고쳐지지 않아서 아주 신경 쓰였어요.
　　　　　　　　　　　　　　　　因为飞机修理不好, 很苦恼
저는 비행기가 고쳐지지 않아서 아주 신경 쓰였어요.
　　　　　　　　　　　　　　　因为飞机修理不好, 我很苦恼
　　　　　　　　　　　　　　　我修不好飞机很苦恼。

167. 그래서 그냥 대답했어요.

그래서^{所以} 그냥^{随便} 대답했어요.^{대답하다回答}

그래서 그냥 대답했어요.　回答了
그래서 그냥 대답했어요.　随便回答了
그래서 그냥 대답했어요.　所以随便回答了
　　　　　　　　　　　　　　所以随便回答他,

168. 가시는 아무것도 아니야.

가시(尖刺)는 아무(任何) 것(东西)도 아니야(아니다 不是).

가시는 아무것도 아니야.　不是
가시는 아무것도 아니야.　不算什么东西
가시는 아무것도 아니야.　尖刺不算什么东西

　　　　　　　　　　　　　　　尖刺不算什么。

169. 꽃한테는 아무 쓸모없는 부분이야.

꽃(花)한테는(对于) 아무(任何) 쓸모(用处) 없는(없다 没有) 부분(部分)이야(이다 是).

꽃한테는 아무 쓸모 없는 부분이야.　是部分
꽃한테는 아무 쓸모 없는 부분이야.　是没有用处的部分
꽃한테는 아무 쓸모 없는 부분이야.　是没有任何用处的部分
꽃한테는 아무 쓸모 없는 부분이야.　对于花来说, 是没有任何用处的部分

　　　　　　　　　　对于花来说, 是没有任何用处的部分。

170. 아!

　　　　　　　　　　　　　　　啊!

171. 조금 있다가, 그 애는 저한테 화냈어요.

조금^{一会} 있다가,^{等以后} 그^{那} 애^{孩子}는 저^{我}한테^{对} 화냈어요.$^{화내다 生气}$

조금 있다가, 그 애는 저한테 화냈어요.	生气了
조금 있다가, 그 애는 저한테 화냈어요.	对我生气了
조금 있다가, 그 애는 저한테 화냈어요.	那个孩子对我生气了
조금 있다가, 그 애는 저한테 화냈어요.	

等一会以后, 那个孩子对我生气了
过了一会, 那个孩子对我生气了。

172. 난 안 믿어!

난^{我} 안^{不} 믿어!$^{믿다 相信}$

난 안 믿어!	不相信!
난 안 믿어!	我不相信!

我不相信!

173. 꽃은 순진해.

꽃^花은 순진해.^{순진하다纯真}

꽃은 순진해.   纯真
꽃은 순진해.   花很纯真
           花很纯真。

174. 꽃은 자기를 지킬 수 있다고 생각해.

꽃^花은 자기^{自己}를 지킬^{지키다保护} 수 있다^{수 있다可以}고 생각해.^{생각하다以为}

꽃은 자기를 지킬 수 있다고 생각해.   以为
꽃은 자기를 지킬 수 있다고 생각해.   以为 可以保护
꽃은 자기를 지킬 수 있다고 생각해.   以为 可以保护自己
꽃은 자기를 지킬 수 있다고 생각해.   花以为 可以保护自己
           花以为她可以保护自己。

175. 꽃은 가시가 있어서 자기가 대단하다고 생각해.

꽃^花은 가시^{尖刺}가 있어^{있다有}서^{因为} 자기^{自己}가 대단하다고^{대단하다厉害} 생각해.^{생각하다以为}

꽃은 가시가 있어서 자기가 대단하다고 생각해.　　以为
꽃은 가시가 있어서 자기가 대단하다고 생각해.　　以为厉害
꽃은 가시가 있어서 자기가 대단하다고 생각해.　　以为自己厉害
꽃은 가시가 있어서 자기가 대단하다고 생각해.
　　　　　　　　　　　　　　　　因为有尖刺 以为自己厉害
꽃은 가시가 있어서 자기가 대단하다고 생각해.
　　　　　　　　　　　　　　　　花 因为有尖刺 以为自己厉害
　　　　　　　　　　　　　　　　花以为自己有尖刺就很厉害。

176. 그럼 너는 믿어? 꽃이….

그럼^{那么} 너^你는 믿어?^{믿다相信} 꽃^花이….

그럼 너는 믿어? 꽃이….　　　　相信吗?　花是….
그럼 너는 믿어? 꽃이….　　　　你相信吗?　花是….
그럼 너는 믿어? 꽃이….　　　　那么你相信吗?　花是….
　　　　　　　　　　　　　　　　　那么你信吗?　花是…

177. 아니야! 아니야! 난 안 믿어.

아니야!^不 아니야!^不 난^我 안^不 믿어.^{믿다相信}

아니야! 아니야! 난 안 믿어.	不相信
아니야! 아니야! 난 안 믿어.	我不相信
아니야! 아니야! 난 안 믿어.	不, 不, 我不相信

不, 不, 我不相信。

178. 전 귀찮아서 그냥 이렇게 말했어요.

전^我 귀찮아^{귀찮다麻烦}서^{因为} 그냥^{随便} 이렇게^{这样} 말했어요.^{말하다说}

전 귀찮아서 그냥 이렇게 말했어요.	说
전 귀찮아서 그냥 이렇게 말했어요.	这样说
전 귀찮아서 그냥 이렇게 말했어요.	随便这样说
전 귀찮아서 그냥 이렇게 말했어요.	因为觉得麻烦就随便这样说
전 귀찮아서 그냥 이렇게 말했어요.	因为我觉得麻烦就随便这样说

我觉得很麻烦就那样说,

179. 난 중요한 일 때문에 바빠!

난^我 중요한^{중요하다重要} 일^{事情} 때문에^{因着} 바빠!^{바쁘다忙}

난 중요한 일 때문에 바빠!	很忙!
난 중요한 일 때문에 바빠!	因着事情很忙!
난 중요한 일 때문에 바빠!	因着重要的事情很忙!
난 중요한 일 때문에 바빠!	我因着重要的事情很忙!
	我在做重要的事情很忙!

180. 그 애는 저를 말없이 봤어요.

그^那 애^{孩子}는 저^我를 말없이^{默默地} 봤어요.^{보다看}

그 애는 저를 말없이 봤어요.	看了
그 애는 저를 말없이 봤어요.	默默地看了
그 애는 저를 말없이 봤어요.	默默地看了我
그 애는 저를 말없이 봤어요.	那个孩子默默地看了我
	那个孩子呆呆地看着我。

열여섯 번째 날

1级敬语和连读

164. 그럼 가시는 왜 있습니까?
164. 그럼 가시는 왜 있씀니까?
165. 어린 왕자는 한 번 질문하면 포기하는 법이 없었습니다.
165. 어리 낭자는 한 번 질무나면 포기하는 버비 업써씀니다.
166. 저는 비행기가 고쳐지지 않아서 아주 신경 쓰였습니다.
166. 저는 비행기가 고쳐지지 아나서 아주 신경 쓰여씀니다.
167. 그래서 그냥 대답했습니다.
167. 그래서 그냥 대다패씀니다.
168. 가시는 아무것도 아닙니다.
168. 가시는 아무거또 아님니다.
169. 꽃에게는 아무 쓸모없는 부분입니다.
169. 꼬체게는 아무 쓸모엄는 부부님니다.
170. 아!
170. 아!
171. 조금 있다가, 그 아이는 저에게 화냈습니다.
171. 조그 미따가, 그 아이는 저에게 화내씀니다.
172. 저는 안 믿습니다!
172. 저는 안 미씀니다!
173. 꽃은 순진합니다.
173. 꼬츤 순지남니다.
174. 꽃은 자기를 지킬 수 있다고 생각합니다.
174. 꼬츤 자기를 지킬 쑤 이따고 생가캄니다.
175. 꽃은 가시가 있어서 자기가 대단하다고 생각합니다.
175. 꼬츤 가시가 이써서 자기가 대다나다고 생가캄니다.
176. 그럼 당신은 믿습니까? 꽃이….
176. 그럼 당시는 미씀니까? 꼬치….
177. 아닙니다! 아닙니다! 저는 안 믿습니다.
177. 아님니다! 아님니다! 저는 안 미씀니다.
178. 저는 귀찮아서 그냥 이렇게 말했습니다.
178. 저는 귀차나서 그냥 이러케 마래씀니다.
179. 저는 중요한 일 때문에 바쁩니다!
179. 저는 중요한 일 때무네 바쁨니다!
180. 그 아이는 저를 말없이 보았습니다.
180. 그 아이는 저를 마럽씨 보아씀니다.

2级敬语和连读

164. 그럼 가시는 왜 있어요?
164. 그럼 가시는 왜 이써여?
165. 어린 왕자는 한 번 질문하면 포기하는 법이 없었어요.
165. 어리 놩자는 함 번 질무나면 포기아는 버비 업써써여.
166. 저는 비행기가 고쳐지지 않아서 아주 신경 쓰였어요.
166. 저는 비행기가 고쳐지지 아나서 아주 싱경 쓰여써여.
167. 그래서 그냥 대답했어요.
167. 그래서 그냥 대다패써여.
168. 가시는 아무것도 아니에요.
168. 가시는 아무거또 아니에여.
169. 꽃한테는 아무 쓸모없는 부분이에요.
169. 꼬탄테는 아무 쓸모엄는 부부니에여.
170. 아!
170. 아!
171. 조금 있다가, 그 애는 저한테 화냈어요.
171. 조그 미따가, 그 애는 저안테 화내써여.
172. 전 안 믿어요!
172. 저 난 미더여!
173. 꽃은 순진해요.
173. 꼬츤 순지내여.
174. 꽃은 자기를 지킬 수 있다고 생각해요.
174. 꼬츤 자기를 지킬 쑤 이따고 생가캐여.
175. 꽃은 가시가 있어서 자기가 대단하다고 생각해요.
175. 꼬츤 가시가 이써서 자기가 대다나다고 생가캐여.
176. 그럼 당신은 믿어요? 꽃이….
176. 그럼 당시는 미더여? 꼬치….
177. 아니에요! 아니에요! 난 안 믿어요.
177. 아니에요! 아니에요! 나 난 미더여.
178. 전 귀찮아서 그냥 이렇게 말했어요.
178. 전 귀차나서 그냥 이러케 마래써여.
179. 전 중요한 일 때문에 바빠요!
179. 전 중요안 닐 때무네 바빠여!
180. 그 애는 저를 말없이 봤어요.
180. 그 애는 저를 마럽씨 봐써여.

3级敬语和连读

164. 그럼 가시는 왜 있어?
164. 그럼 가시는 왜 이써?
165. 어린 왕자는 한 번 질문하면 포기하는 법이 없었어.
165. 어리 낭자는 함 번 질무나면 포기아는 버비 업써써.
166. 나는 비행기가 고쳐지지 않아서 아주 신경 쓰였어.
166. 나는 비행기가 고쳐지지 아나서 아주 싱경 쓰여써.
167. 그래서 그냥 대답했어.
167. 그래서 그냥 대다패써.
168. 가시는 아무것도 아니야.
168. 가시는 아무거또 아니야.
169. 꽃한테는 아무 쓸모없는 부분이야.
169. 꼬탄태는 아무 쓸모엄는 부부니야.
170. 아!
170. 아!
171. 조금 있다가, 그 애는 나한테 화냈어.
171. 조그 미따가, 그 애는 나안테 화내써.
172. 난 안 믿어!
172. 나 난 미더!
173. 꽃은 순진해.
173. 꼬츤 순지내.
174. 꽃은 자기를 지킬 수 있다고 생각해.
174. 꼬츤 자기를 지킬 쑤 이따고 생가캐.
175. 꽃은 가시가 있어서 자기가 강하다고 생각해.
175. 꼬츤 가시가 이써서 자기가 강하다고 생가캐.
176. 그럼 너는 믿어? 꽃이….
176. 그럼 너는 미더? 꼬치….
177. 아니야! 아니야! 난 안 믿어.
177. 아니야! 아니야! 나 난 미더.
178. 난 귀찮아서 그냥 이렇게 말했어.
178. 난 귀차나서 그냥 이러케 마래써.
179. 난 중요한 일 때문에 바빠!
179. 난 중요안 닐 때무네 바빠!
180. 그 애는 나를 말없이 봤어.
180. 그 애는 나를 마럽씨 봐써.

4级敬语和连读

164. 그럼 가시는 왜 있나?
164. 그럼 가시는 왜 인나?
165. 어린 왕자는 한 번 질문하면 포기하는 법이 없었다.
165. 어리 놩자는 한 번 질무나면 포기하는 버비 업써따.
166. 나는 비행기가 고쳐지지 않아서 아주 신경 쓰였다.
166. 나는 비행기가 고쳐지지 아나서 아주 싱경 쓰여따.
167. 그래서 그냥 대답했다.
167. 그래서 그냥 대다패따.
168. 가시는 아무것도 아니다.
168. 가시는 아무거또 아니다.
169. 꽃에게는 아무 쓸모없는 부분이다.
169. 꼬체게는 아무 쓸모엄는 부부니다.
170. 아!
170. 아!
171. 조금 있다가, 그 아이는 나에게 화냈다.
171. 조그 미따가, 그 아이는 나에게 화내따.
172. 난 안 믿는다!
172. 난 안 민는다!
173. 꽃은 순진하다.
173. 꼬츤 순지나다.
174. 꽃은 자기를 지킬 수 있다고 생각한다.
174. 꼬츤 자기를 지킬 쑤 이따고 생가칸다.
175. 꽃은 가시가 있어서 자기가 대단하다고 생각한다.
175. 꼬츤 가시가 이써서 자기가 대다나다고 생가칸다.
176. 그럼 너는 믿나? 꽃이….
176. 그럼 너는 민나? 꼬치….
177. 아니다! 아니다! 나는 안 믿는다.
177. 아니다! 아니다! 나는 안 민는다.
178. 나는 귀찮아서 그냥 이렇게 말했다.
178. 나는 귀차나서 그냥 이러케 마래따.
179. 나는 중요한 일 때문에 바쁘다!
179. 나는 중요한 일 때무네 바쁘다!
180. 그 아이는 나를 말없이 보았다.
180. 그 아이는 나를 마럽씨 보아따.

열여섯 번째 날 225

分析练习

166. 저는 비행기가 고쳐지지 않아서 아주 신경 쓰였어요.

翻译练习

저는 비행기가 고쳐지지 않아서 아주 신경 쓰였어요.
저는 비행기가 고쳐지지 않아서 **아주** 신경 쓰였어요.
저는 비행기가 **고쳐지지** 않아서 아주 신경 쓰였어요.
저는 비행기가 고쳐지지 않아서 아주 신경 쓰였어요.
저는 비행기가 고쳐지지 않아서 아주 신경 쓰였어요.

敬语练习

179. 我在做重要的事情很忙！

（1级敬语）

（2级敬语）

（3级敬语）

（4级敬语）

열일곱 번째 날
第十七天

"중요한 일이라고? 넌 꼭 어른처럼 말하고 있어!"

그 말을 들으니까 부끄러웠어요.

그 애는 정말 화가 많이 났어요. 그 애의 금빛 머리는 바람에 흩날렸어요.

"나는 빨간 옷 입은 아저씨가 사는 별을 알아. 그 사람은 꽃 냄새를 맡지 않아. 그 사람은 별을 보지도 않아. 그 사람은 사람을 사랑하지도 않아. 그 사람은 숫자 세는 것 말고는 아무것도 하지 않아. 그 사람은 항상 꼭 너 같이 말해. 난 중요한 사람이야! 난 중요한 사람이야!"

어린 왕자는 이제 안색이 창백해졌어요.

"你说是重要的事情?你说话怎么像大人一样!"

听到这句话,让我很羞愧。

那个孩子真的很气愤,那个孩子的金发随风飞扬。

"我知道穿红色衣服的叔叔生活的星球,那个人不闻花的味道,那个人也不看星星,那个人也不爱别人,那个人除了算数以外什么也不做,那个人常常像你这样说话,我是很重要的人,我是很重要的人!"

小王子现在脸色变白了。

文章分析

181. 중요한 일이라고?

중요한^{중요하다重要} 일^{事情}이^{이다是}라고?^{你说}

중요한 일이라고?	你说?
중요한 일이라고?	你说 是?
중요한 일이라고?	你说 是事情?
중요한 일이라고?	你说 是重要的事情?
	你说是重要的事情?

182. 넌 꼭 어른처럼 말하고 있어!

넌^你 꼭^{正如} 어른^{大人}처럼^{像 样} 말하고^{말하다说} 있어!^{있다在}

넌 꼭 어른처럼 말하고 있어!	正在说
넌 꼭 어른처럼 말하고 있어!	像大人一样正在说
넌 꼭 어른처럼 말하고 있어!	好像大人一样正在说
넌 꼭 어른처럼 말하고 있어!	你好像大人一样正在说
	你说话怎么像大人一样!

183. 그 말을 들으니까 부끄러웠어요.

그^那 말^话을 들으^{듣다听到}니까^{因为} 부끄러웠어요.^{부끄럽다羞愧}

그 말을 들으니까 부끄러웠어요.	很羞愧
그 말을 들으니까 부끄러웠어요.	听到, 很羞愧
그 말을 들으니까 부끄러웠어요.	听到那句话, 很羞愧

听到这句话, 让我很羞愧。

184. 그 애는 정말 화가 많이 났어요.

그^那 애^{孩子}는 정말^{真的} 화^{气愤}가 많이^多 났어요.^{나다生}

그 애는 정말 화가 많이 났어요.	生气
그 애는 정말 화가 많이 났어요.	很生气
그 애는 정말 화가 많이 났어요.	真的很生气
그 애는 정말 화가 많이 났어요.	那个孩子真的很生气

那个孩子真的很气愤。

185. 그 애의 금빛 머리는 바람에 흩날렸어요.

그^那 애^{孩子}의^的 금빛^{金色} 머리^{头发}는 바람^风에^被 흩날렸어요.^{흩날리다 飞扬}

그 애의 금빛 머리는 바람에 흩날렸어요.	飞扬
그 애의 금빛 머리는 바람에 흩날렸어요.	随风飞扬
그 애의 금빛 머리는 바람에 흩날렸어요.	头发随风飞扬
그 애의 금빛 머리는 바람에 흩날렸어요.	金发随风飞扬
그 애의 금빛 머리는 바람에 흩날렸어요.	那个孩子的金发随风飞扬

那个孩子的金发随风飞扬。

186. 나는 빨간 옷 입은 아저씨가 사는 별을 알아.

나^我는 빨간^{빨갛다 红} 옷^{衣服} 입은^{입다 穿} 아저씨^{叔叔}가 사는^{살다 生活} 별^{星球}을 알아.^{알다 知道}

나는 빨간 옷 입은 아저씨가 사는 별을 알아.　知道
나는 빨간 옷 입은 아저씨가 사는 별을 알아.　知道星球
나는 빨간 옷 입은 아저씨가 사는 별을 알아.　知道叔叔生活的星球
나는 빨간 옷 입은 아저씨가 사는 별을 알아.
　　　　　　　　　　　　　　知道穿衣服的叔叔生活的星球
나는 빨간 옷 입은 아저씨가 사는 별을 알아.
　　　　　　　　　　　　　知道穿红色衣服的叔叔生活的星球
나는 빨간 옷 입은 아저씨가 사는 별을 알아.
　　　　　　　　　　　　我知道穿红色衣服的叔叔生活的星球
　　　　　　　　　　　　我知道穿红色衣服的叔叔生活的星球。

187. 그 사람은 꽃 냄새를 맡지 않아.

그^那 사람^人은 꽃^花 냄새^{味道}를 맡지^{맡다闻} 않아.^{않다不}

그 사람은 꽃 냄새를 맡지 않아.	不闻
그 사람은 꽃 냄새를 맡지 않아.	不闻味道
그 사람은 꽃 냄새를 맡지 않아.	不闻花的味道
그 사람은 꽃 냄새를 맡지 않아.	那个人不闻花的味道

那个人不闻花的味道。

188. 그 사람은 별을 보지도 않아.

그^那 사람^人은 별^{星星}을 보지^{보다看}도^也 않아.^{않다不}

그 사람은 별을 보지도 않아.	也不看
그 사람은 별을 보지도 않아.	也不看星星
그 사람은 별을 보지도 않아.	那个人也不看星星

那个人也不看星星。

189. 그 사람은 사람을 사랑하지도 않아.

그^那 사람^人은 사람^人을 사랑하지^{사랑하다 愛} 도^也 않아.^{않다 不}

그 사람은 사람을 사랑하지도 않아.　也不爱
그 사람은 사람을 사랑하지도 않아.　也不爱人
그 사람은 사람을 사랑하지도 않아.　那个人也不爱人

那个人也不爱别人。

190. 그 사람은 숫자 세는 것 말고는 아무것도 하지 않아.

그^那 사람^人은 숫자^{数字} 세는^{세다 算} 것^事 말고^{以外}는 아무^{任何} 것^事 도^也 하지^{하다 做} 않아.^{않다 不}

그 사람은 숫자 세는 것 말고는 아무것도 하지 않아.　　不做
그 사람은 숫자 세는 것 말고는 아무것도 하지 않아.　　任何事也不做
그 사람은 숫자 세는 것 말고는 아무것도 하지 않아.
算数的事以外任何事也不做
그 사람은 숫자 세는 것 말고는 아무것도 하지 않아.
那个人算数的事以外任何事也不做
那个人除了算数以外什么也不做。

191. 그 사람은 항상 꼭 너 같이 말해.

그^那 사람^人은 항상^常常 꼭^正如 너^你 같이^像一样 말해.^말하다说

그 사람은 항상 꼭 너 같이 말해.	像你说
그 사람은 항상 꼭 너 같이 말해.	正如你一样说
그 사람은 항상 꼭 너 같이 말해.	常常正如你一样说
그 사람은 항상 꼭 너 같이 말해.	那个人常常正如你一样说

那个人常常像你这样说话,

192. 난 중요한 사람이야!

난^我 중요한^중요하다重要 사람^人이야!^이다是

난 중요한 사람이야!	是人
난 중요한 사람이야!	是重要的人
난 중요한 사람이야!	我是重要的人

我是很重要的人!

193. 어린 왕자는 이제 안색이 창백해졌어요.

어린^小 왕자^{王子}는 이제^{现在} 안색^{脸色}이 창백해^{창백하다苍白}졌어요.^{지다变了}

어린 왕자는 이제 안색이 창백해졌어요.	变苍白了
어린 왕자는 이제 안색이 창백해졌어요.	脸色变苍白了
어린 왕자는 이제 안색이 창백해졌어요.	现在脸色变苍白了
어린 왕자는 이제 안색이 창백해졌어요.	小王子现在脸色变苍白了
	小王子现在脸色变白了。

1级敬语和连读

181. 중요한 일이라는 말씀입니까?
181. 중요한 니리라는 말쓰밈니까?
182. 당신은 꼭 어른처럼 말씀하고 있습니다!
182. 당시는 꼭 어른처럼 말쓰마고 이씀니다!
183. 그 말을 들으니까 부끄러웠습니다.
183. 그 마를 드르니까 부끄러워씀니다.
184. 그 아이는 정말 화가 많이 났습니다.
184. 그 아이는 정말 화가 마니 나씀니다.
185. 그 아이의 금빛 머리는 바람에 흩날렸습니다.
185. 그 아이의 금삗 머리는 바라메 흔날려씀니다.
186. 저는 빨간 옷 입은 아저씨가 사는 별을 압니다.
186. 저는 빨가 노 디븐 아저씨가 사는 벼를 암니다.
187. 그 사람은 꽃 냄새를 맡지 않습니다.
187. 그 사라믄 꼰 냄새를 마찌 안씀니다.
188. 그 사람은 별을 보지도 않습니다.
188. 그 사라믄 벼를 보지도 안씀니다.
189. 그 사람은 사람을 사랑하지도 않습니다.
189. 그 사라믄 사라믈 사랑하지도 안씀니다.
190. 그 사람은 숫자 세는 것 말고는 아무것도 하지 않습니다.
190. 그 사라믄 수짜 세는 걷 말고는 아무걷또 하지 안씀니다.
191. 그 사람은 항상 꼭 당신 같이 말합니다.
191. 그 사라믄 항상 꼭 당신 가치 마람니다.
192. 저는 중요한 사람입니다! 저는 중요한 사람입니다!
192. 저는 중요한 사라밈니다! 저는 중요한 사라밈니다!
193. 어린 왕자는 이제 안색이 창백해졌습니다.
193. 어리 냥자는 이제 안새기 창배캐저씀니다.

2级敬语和连读

181. 중요한 일이라고요?
181. 중요안 니리라고여?

182. 당신은 꼭 어른처럼 말하고 있어요!
182. 당시는 꼭 어른처럼 마라고 이써여!

183. 그 말을 들으니까 부끄러웠어요.
183. 그 마를 드르니까 부끄러워써여.

184. 그 애는 정말 화가 많이 났어요.
184. 그 애는 정말 화가 마니 나써여.

185. 그 애의 금빛 머리는 바람에 흩날렸어요.
185. 그 애에 금삣 머리는 바라메 흗날려써여.

186. 저는 빨간 옷 입은 아저씨가 사는 별을 알아요.
186. 저는 빨가 논 니븐 아저씨가 사는 벼를 아라여.

187. 그 사람은 꽃 냄새를 맡지 않아요.
187. 그 사라믄 꼳 냄새를 맏찌 아나여.

188. 그 사람은 별을 보지도 않아요.
188. 그 사라믄 벼를 보지도 아나여.

189. 그 사람은 사람을 사랑하지도 않아요.
189. 그 사라믄 사라믈 사랑아지도 아나여.

190. 그 사람은 숫자 세는 것 말고는 아무것도 하지 않아요.
190. 그 사라믄 수짜 세능 걷 말고는 아무거또 하지 아나여.

191. 그 사람은 항상 꼭 당신 같이 말해요.
191. 그 사라믄 항상 꼭 당신 가치 마래여.

192. 전 중요한 사람이에요! 전 중요한 사람이에요!
192. 전 중요안 사라미에여! 전 중요안 사라미에여!

193. 어린 왕자는 이제 안색이 창백해졌어요.
193. 어리 낭자는 이제 안새기 창배캐저써여.

3级敬语和连读

181. 중요한 일이라구?
181. 중요안 니리라구?
182. 넌 꼭 어른처럼 말하고 있어!
182. 넌 꼭 어른처럼 마라고 이써!
183. 그 말을 들으니까 부끄러웠어.
183. 그 마를 드르니까 부끄러워써.
184. 그 애는 정말 화가 많이 났어.
184. 그 애는 정말 화가 마니 나써.
185. 그 애의 금빛 머리는 바람에 흩날렸어.
185. 그 애에 금삗 머리는 바라메 흔날려써.
186. 나는 빨간 옷 입은 아저씨가 사는 별을 알아.
186. 나는 빨가 논 니븐 아저씨가 사는 벼를 아라.
187. 그 사람은 꽃 냄새를 맡지 않아.
187. 그 사라믄 꼳 냄새를 마찌 아나.
188. 그 사람은 별을 보지도 않아.
188. 그 사라믄 벼를 보지도 아나.
189. 그 사람은 사람을 사랑하지도 않아.
189. 그 사라믄 사라믈 사랑아지도 아나.
190. 그 사람은 숫자 세는 것 말고는 아무것도 하지 않아.
190. 그 사라믄 수짜 세는 검 말고는 아무거또 하지 아나.
191. 그 사람은 항상 꼭 너 같이 말해.
191. 그 사라믄 항상 꼭 너 가치 마래.
192. 난 중요한 사람이야! 난 중요한 사람이야!
192. 난 중요안 사라미야! 난 중요안 사라미야!
193. 어린 왕자는 이제 안색이 창백해졌어.
193. 어리 낭자는 이제 안새기 창배캐져써.

4级敬语和连读

181. 중요한 일이라는 말인가?
181. 중요한 니리라는 마링가?
182. 너는 꼭 어른처럼 말하고 있다!
182. 너는 꼭 어른처럼 마라고 이따!
183. 그 말을 들으니까 부끄러웠다.
183. 그 마를 드르니까 부끄러워따.
184. 그 아이는 정말 화가 많이 났다.
184. 그 아이는 정말 화가 마니 나따.
185. 그 아이의 금빛 머리는 바람에 흩날렸다.
185. 그 아이에 금삗 머리는 바라메 흔날려따.
186. 나는 빨간 옷 입은 아저씨가 사는 별을 안다.
186. 나는 빨가 논 니븐 아저씨가 사는 벼를 안다.
187. 그 사람은 꽃 냄새를 맡지 않는다.
187. 그 사라믄 꼳 냄새를 마찌 안는다.
188. 그 사람은 별을 보지도 않는다.
188. 그 사라믄 벼를 보지도 안는다.
189. 그 사람은 사람을 사랑하지도 않는다.
189. 그 사라믄 사라믈 사랑하지도 안는다.
190. 그 사람은 숫자 세는 것 말고는 아무것도 하지 않는다.
190. 그 사라믄 수짜 세능 걷 말고는 아무거또 하지 안는다.
191. 그 사람은 항상 꼭 너 같이 말한다.
191. 그 사라믄 항상 꼭 너 가치 마란다.
192. 나는 중요한 사람이다! 나는 중요한 사람이다!
192. 나는 중요한 사라미다! 나는 중요한 사라미다!
193. 어린 왕자는 이제 안색이 창백해졌다.
193. 어리 놩자는 이제 안새기 창배캐져따.

열일곱 번째 날 239

分析练习

182. 넌 꼭 어른처럼 말하고 있어!

翻译练习

넌 꼭 어른처럼 말하고 있어!
넌 꼭 어른처럼 말하고 있어!
넌 꼭 어른처럼 말하고 있어!
넌 꼭 어른처럼 말하고 있어!

敬语练习

186. 我知道穿红色衣服的叔叔生活的星球。

（1级敬语）

（2级敬语）

（3级敬语）

（4级敬语）

열여덟 번째 날
第十八天

"우리 별에 꽃이 하나 있어. 그 꽃은 세상에 하나밖에 없는 특별한 꽃이야. 그런데 양이 어느 날 한입에 그 꽃을 먹어치울 수가 있어. 그런데 그게 중요한 일이 아니란 말이야?"

그 애는 얼굴이 빨개져서 말했어요.

"만약에 누군가가 수백만 개의 별들 중 하나의 별에 있는 꽃을 사랑한다면, 그 사람은 별들을 바라볼 때마다 행복해질 수 있어."

그 애는 또 말했어요.

"내 꽃은 저기 어딘가에 있어…. 만약에 양이 그 꽃을 먹으면, 그건 마치 갑자기 별들이 모두 사라지는 것 같은 거야! 그런데 그게 중요하지 않아?"

그 애는 더 이상 말하지 않았어요.

갑자기 펑펑 울었어요.

"我们的星球有一朵花,那朵花是世界上独一无二的特别的花,但是有一天羊有可能一口吃掉那花,那你说那不是很重要的事情吗?"

那个孩子涨红着脸说,

"万一有一个人爱几百万个星星中的一个星星上的一朵花,那个人每次仰望星星的时候都可以变得幸福。"

那个孩子又说,

"我的花在那里的某个地方….

万一羊吃了那朵花的话,那就好像是突然间所有的星星都消失了一样,那么那不重要吗?"

那个孩子不再说话了。

突然开始哇哇大哭。

文章分析

194. 우리 별에 꽃이 하나 있어.

우리^{我们} 별^{星球}에^里 꽃^花이 하나^{一个} 있어^有

우리 별에 꽃이 하나 있어.　　　　　　有一个
우리 별에 꽃이 하나 있어.　　　　　　有一朵花
우리 별에 꽃이 하나 있어.　　　　　　星球上有一朵花
우리 별에 꽃이 하나 있어.　　　　　　我们的星球上有一朵花
　　　　　　　　　　　　　　　　　　我们的星球有一朵花。

195. 그 꽃은 세상에 하나밖에 없는 특별한 꽃이야.

그^那 꽃^花은 세상^{世上}에^里 하나^{一个} 밖에^{以外} 없는^{없다没有} 특별한^{특별하다特別} 꽃^花이야.^{이다是}

그 꽃은 세상에 하나밖에 없는 특별한 꽃이야.　　是特别的花
그 꽃은 세상에 하나밖에 없는 특별한 꽃이야.
　　　　　　　　　　　　　　　　　　是独一无二的特别的花
그 꽃은 세상에 하나밖에 없는 특별한 꽃이야.
　　　　　　　　　　　　　　　是世界上独一无二的特别的花
그 꽃은 세상에 하나밖에 없는 특별한 꽃이야.
　　　　　　　　　　　　那朵花是世界上独一无二的特别的花
　　　　　　　　　　　　那朵花是世界上独一无二的特别的花。

196. 그런데 양이 어느 날 한입에 그 꽃을 먹어치울 수가 있어.

그런데^{可是} 양^{羊}이 어느^{有一} 날^{日} 한 입^{口}에^{以} 그^{那} 꽃^{花}을 먹어^{먹다吃}치울^{치우다打扫} 수^{办法}가 있어.^{있다有}

그런데 양이 어느 날 한입에 그 꽃을 먹어치울 수가 있어.
                                         可能吃掉
그런데 양이 어느 날 한입에 그 꽃을 먹어치울 수가 있어.
                                       可能吃掉那朵花
그런데 양이 어느 날 한 입에 그 꽃을 먹어치울 수가 있어.
                                     可能一口吃掉那朵花
그런데 양이 어느 날 한 입에 그 꽃을 먹어치울 수가 있어.
                                  有一天可能一口吃掉那朵花
그런데 양이 어느 날 한 입에 그 꽃을 먹어치울 수가 있어.
                                 羊有一天可能一口吃掉那朵花
그런데 양이 어느 날 한 입에 그 꽃을 먹어치울 수가 있어.
                              但是羊有一天可能一口吃掉那朵花
                              但是有一天羊有可能一口吃掉那花。

197. 그런데 그게 중요한 일이 아니란 말이야?

그런데^(可是) 그게^(那) 중요한^(중요하다重要) 일^(事情)이 아니란^(아니다不是) 말^(话)이야?^(이다是)

그런데 그게 중요한 일이 아니란 말이야?	是话吗 = 你说了吗?
그런데 그게 중요한 일이 아니란 말이야?	你说 不是吗?
그런데 그게 중요한 일이 아니란 말이야?	你说 不是事情吗?
그런데 그게 중요한 일이 아니란 말이야?	你说 不是重要的事情吗?
그런데 그게 중요한 일이 아니란 말이야?	你说 那不是重要的事情吗?
그런데 그게 중요한 일이 아니란 말이야?	可是你说 那不是重要的事情吗?
	那你说那不是很重要的事情吗?

198. 그 애는 얼굴이 빨개져서 말했어요.

그^(那) 애^(孩子)는 얼굴^(脸)이 빨개져서^(빨개지다发红) 말했어요.^(말하다说)

그 애는 얼굴이 빨개져서 말했어요.	说了
그 애는 얼굴이 빨개져서 말했어요.	红着脸说
그 애는 얼굴이 빨개져서 말했어요.	那个孩子红着脸说
	那个孩子涨红着脸说,

199. 만약에 누군가가 수백만 개의 별들 중 하나의 별에 있는 꽃을 사랑한다면,

만약^{万一}에 누군가^{某人}가 수^数백^百만^万 개^个의^的 별^{星星}들^们 중^中 하나^{一个}의^的 별^{星星}에^里 있는^{있다在} 꽃^花을 사랑한^{사랑하다爱}다면,^{的话}

만약에 누군가가 수백만 개의 별들 중 하나의 별에 있는 꽃을 사랑한다면,
爱的话,
만약에 누군가가 수백만 개의 별들 중 하나의 별에 있는 꽃을 사랑한다면,
爱花的话,
만약에 누군가가 수백만 개의 별들 중 하나의 별에 있는 꽃을 사랑한다면,
爱在星星上的花的话,
만약에 누군가가 수백만 개의 별들 중 하나의 별에 있는 꽃을 사랑한다면,
爱在一个星星上的花的话,
만약에 누군가가 수백만 개의 별들 중 하나의 별에 있는 꽃을 사랑한다면,
爱在星星中一个星星上的花的话,
만약에 누군가가 수백만 개의 별들 중 하나의 별에 있는 꽃을 사랑한다면,
爱在几百万个星星中一个星星上的花的话,
만약에 누군가가 수백만 개의 별들 중 하나의 별에 있는 꽃을 사랑한다면,
某人爱在几百万个星星中一个星星上的花的话,
만약에 누군가가 수백만 개의 별들 중 하나의 별에 있는 꽃을 사랑한다면,
万一某人爱在几百万个星星中一个星星上的花的话,
万一有一个人爱几百万个星星中的一个星星上的一朵花,

200. 그 사람은 별들을 바라볼 때마다 행복해질 수 있어.

그^那 사람^人은 별^{星星}들^们을 바라볼^{바라보다仰望} 때^{时候}마다^{每次} 행복해^{행복하다幸福}질^{지다变得} 수^{办法} 있어.^{있다有}

그 사람은 별들을 바라볼 때마다 행복해질 수 있어.
可以变得幸福

그 사람은 별들을 바라볼 때마다 행복해질 수 있어.
每次仰望的时候都可以变得幸福

그 사람은 별들을 바라볼 때마다 행복해질 수 있어.
每次仰望星星的时候都可以变得幸福

그 사람은 별들을 바라볼 때마다 행복해질 수 있어.
那个人每次仰望星星的时候都可以变得幸福
那个人每次仰望星星的时候都可以变得幸福。

201. 그 애는 또 말했어요.

그^那 애^{孩子}는 또^又 말했어요.^{말하다说}

그 애는 또 말했어요.　　又说
그 애는 또 말했어요.　　那个孩子又说
那个孩子又说,

202. 내 꽃은 저기 어딘가에 있어….

내^{我的} 꽃^花은 저기^{那里} 어딘가^{某个地方}에^里 있어^{있다在}….

내 꽃은 저기 어딘가에 있어….	在某个地方
내 꽃은 저기 어딘가에 있어….	在那里某个地方
내 꽃은 저기 어딘가에 있어….	我的花在那里某个地方
	我的花在那里的某个地方…

203. 만약에 양이 그 꽃을 먹으면, 그건 마치 갑자기 별들이 모두 사라지는 것과 같아!

만약^{万一}에 양^羊이 그^那 꽃^花을 먹^{먹다吃}으면,^{的话} 그건^那 마치^{好像} 갑자기^{突然} 별^{星星}들^们이 모두^都 사라지는^{사라지다消失} 것^事과^和 같아!^{같다像一样}

만약에 양이 그 꽃을 먹으면, 그건 마치 갑자기 별들이 모두 사라지는 것과 같아!	
	像消失的事一样!
만약에 양이 그 꽃을 먹으면, 그건 마치 갑자기 별들이 모두 사라지는 것과 같아!	
	像都消失的事一样!
만약에 양이 그 꽃을 먹으면, 그건 마치 갑자기 별들이 모두 사라지는 것과 같아!	
	像星星都消失的事一样!
만약에 양이 그 꽃을 먹으면, 그건 마치 갑자기 별들이 모두 사라지는 것과 같아!	
	像突然星星都消失的事一样!
만약에 양이 그 꽃을 먹으면, 그건 마치 갑자기 별들이 모두 사라지는 것과 같아!	
	那就好像突然星星都消失的事一样!

만약에 양이 그 꽃을 먹으면, 그건 마치 갑자기 별들이 모두 사라지는 것과 같아!
吃了的话, 那就好像突然星星都消失的事一样!
만약에 양이 그 꽃을 먹으면, 그건 마치 갑자기 별들이 모두 사라지는 것과 같아!
羊吃了那朵花的话, 那就好像突然星星都消失的事一样!
만약에 양이 그 꽃을 먹으면, 그건 마치 갑자기 별들이 모두 사라지는 것과 같아!
万一羊了吃那朵花的话, 那就好像突然星星都消失的事一样!
万一羊吃了那朵花的话, 那就好像是突然间所有的星星都消失了一样。

204. 그런데 그게 중요하지 않아?

그런데^{那么} 그게^那 중요하지^{중요하다重要} 않아?^{않다不}

그런데 그게 중요하지 않아?	不重要吗?
그런데 그게 중요하지 않아?	那不重要吗?
그런데 그게 중요하지 않아?	那么那不重要吗?
	那么那不重要吗?

205. 그 애는 더 이상 말하지 않았어요.

그^那 애^{孩子}는 더 이상^{再也} 말하지^{말하다说} 않았어요.^{않다不}

그 애는 더 이상 말하지 않았어요.	不说话了
그 애는 더 이상 말하지 않았어요.	再也不说话了
그 애는 더 이상 말하지 않았어요.	那个孩子再也不说话了
	那个孩子不再说话了。

206. 갑자기 펑펑 울었어요.

갑자기^{突然} 펑펑^{哇哇} 울었어요.^{울다哭}

갑자기 펑펑 울었어요.   哭
갑자기 펑펑 울었어요.   哇哇大哭
갑자기 펑펑 울었어요.   突然哇哇大哭
                                             突然开始哇哇大哭。

1级敬语和连读

194. 저희 별에 꽃이 하나 있습니다.
194. 저이 벼레 꼬치 하나 이씀니다.

195. 그 꽃은 세상에 하나밖에 없는 특별한 꽃입니다.
195. 그 꼬츤 세상에 하나바께 엄는 특벼란 꼬침니다.

196. 그런데 양이 어느 날 한입에 그 꽃을 먹어치울 수가 있습니다.
196. 그런데 양이 어느 날 한니베 그 꼬츨 머거치울 쑤가 이씀니다.

197. 그런데 그것이 중요한 일이 아니라는 말씀입니까?
197. 그런데 그거시 중요한 이리 아니라는 말쓰밈니까?

198. 그 아이는 얼굴이 빨개져서 말했습니다.
198. 그 아이는 얼구리 빨개져서 마래씀니다.

199. 만약에 누군가가 수백만 개의 별들 중 하나의 별에 있는 꽃을 사랑한다면,
199. 마냐게 누궁가가 수뱅만 개에 별들 중 하나에 별에 인는 꼬츨 사랑한다면,

200. 그 사람은 별들을 바라볼 때마다 행복해질 수 있습니다.
200. 그 사라믄 별드를 바라볼 때마다 행보캐질 쑤 이씀니다.

201. 그 아이는 또 말했습니다.
201. 그 아이는 또 마래씀니다.

202. 제 꽃은 저기 어딘가에 있습니다….
202. 제 꼬츤 저기 어딩가에 이씀니다….

203. 만약에 양이 그 꽃을 먹으면, 그건 마치 갑자기 별들이 모두 사라지는 것과 같습니다!
203. 마냐게 양이 그 꼬츨 머그면, 그건 마치 갑짜기 별드리 모두 사라지는 거꽈 가씀니다!

204. 그런데 그것이 중요하지 않습니까?
204. 그런데 그거시 중요하지 안씀니까?

205. 그 아이는 더 이상 말하지 않았습니다.
205. 그 아이는 더 이상 마라지 아나씀니다.

206. 갑자기 펑펑 울었습니다.
206. 갑자기 펑펑 우러씀니다.

2级敬语和连读

194. 저희 별에 꽃이 하나 있어요.

194. 저이 벼레 꼬치 하나 이써여.

195. 그 꽃은 세상에 하나밖에 없는 특별한 꽃이에요.

195. 그 꼬츤 세상에 하나바께 엄는 특뼈란 꼬치에여.

196. 그런데 양이 어느 날 한입에 그 꽃을 먹어치울 수가 있어요.

196. 그런데 양이 어느 날 한니베 그 꼬츨 머거치울 쑤가 이써여.

197. 그런데 그게 중요한 일이 아니란 말이에요?

197. 그런데 그게 중요안 니리 아니람 마리에여?

198. 그 애는 얼굴이 빨개져서 말했어요.

198. 그 애는 얼구리 빨개져서 마래써여.

199. 만약에 누군가가 수백만 개의 별들 중 하나의 별에 있는 꽃을 사랑한다면,

199. 마냐게 누궁가가 수뱅만 개에 별들 중 하나에 벼레 인는 꼬츨 사랑안다면,

200. 그 사람은 별들을 바라볼 때마다 행복해질 수 있어요.

200. 그 사라믄 별드를 바라볼 때마다 행보캐질 쑤 이써여.

201. 그 애는 또 말했어요.

201. 그 애는 또 마래써여.

202. 제 꽃은 저기 어딘가에 있어요….

202. 제 꼬츤 저기 어딩가에 이써여….

203. 만약에 양이 그 꽃을 먹으면, 그건 마치 갑자기 별들이 모두 사라지는 것과 같아요!

203. 마냐게 양이 그 꼬츨 머그면, 그검 마치 갑짜기 별드리 모두 사라지능 거꽈 가타여!

204. 그런데 그게 중요하지 않아요?

204. 그런데 그게 중요아지 아나여?

205. 그 애는 더 이상 말하지 않았어요.

205. 그 애는 더 이상 마라지 아나써여.

206. 갑자기 펑펑 울었어요.

206. 갑짜기 펑펑 우러써여.

3级敬语和连读

194. 우리 별에 꽃이 하나 있어.
194. 우리 벼레 꼬치 하나 이써.

195. 그 꽃은 세상에 하나밖에 없는 특별한 꽃이야.
195. 그 꼬츤 세상에 하나바께 엄는 특뼈란 꼬치야.

196. 그런데 양이 어느 날 한입에 그 꽃을 먹어치울 수가 있어.
196. 그런데 양이 어느 날 한니베 그 꼬츨 머거치울 쑤가 이써.

197. 그런데 그게 중요한 일이 아니란 말이야?
197. 그런데 그게 중요안 니리 아니란 마리야?

198. 그 애는 얼굴이 빨개져서 말했어.
198. 그 애는 얼구리 빨개져서 마래써.

199. 만약에 누군가가 수백만 개의 별들 중 하나의 별에 있는 꽃을 사랑한다면,
199. 마냐게 누궁가가 수뱅만 개에 별들 중 하나에 벼레 인는 꼬츨 사랑안다면,

200. 그 사람은 별들을 바라볼 때마다 행복해질 수 있어.
200. 그 사라믄 별드를 바라볼 때마다 행보캐질 쑤 이써.

201. 그 애는 또 말했어.
201. 그 애는 또 마래써.

202. 내 꽃은 저기 어딘가에 있어….
202. 내 꼬츤 저기 어딩가에 이써….

203. 만약에 양이 그 꽃을 먹으면, 그건 마치 갑자기 별들이 모두 사라지는 것 같은 거야!
203. 마냐게 양이 그 꼬츨 머그면, 그검 마치 갑짜기 별드리 모두 사라지능 거 까튼 거야!

204. 그런데 그게 중요하지 않아?
204. 그런데 그게 중요아지 아나?

205. 그 애는 더 이상 말하지 않았어.
205. 그 애는 더 이상 마라지 아나써.

206. 갑자기 펑펑 울었어.
206. 갑짜기 펑펑 우러써.

4级敬语和连读

194. 우리 별에 꽃이 하나 있다.
194. 우리 벼레 꼬치 하나 이따.

195. 그 꽃은 세상에 하나밖에 없는 특별한 꽃이다.
195. 그 꼬츤 세상에 하나바께 엄는 특뼈란 꼬치다.

196. 그런데 양이 어느 날 한 입에 그 꽃을 먹어치울 수가 있다.
196. 그런데 양이 어느 날 한 니베 그 꼬츨 머거치울 쑤가 이따.

197. 그런데 그것이 중요한 일이 아니라는 말인가?
197. 그런데 그거시 중요한 니리 아니라는 마링가?

198. 그 아이는 얼굴이 빨개져서 말했다.
198. 그 아이는 얼구리 빨개져서 마래따.

199. 만약에 누군가가 수백만개의 별들 중 하나의 별에 있는 꽃을 사랑한다면,
199. 마냐게 누궁가가 수뱅만개에 별들 중 하나에 별에 인는 꼬츨 사랑한다면,

200. 그 사람은 별들을 바라볼 때마다 행복해질 수 있다.
200. 그 사라믄 별드를 바라볼 때마다 행보캐질 쑤 이따.

201. 그 아이는 또 말했다.
201. 그 아이는 또 마래따.

202. 내 꽃은 저기 어딘가에 있다….
202. 내 꼬츤 저기 어딩가에 이따….

203. 만약에 양이 그 꽃을 먹으면, 그건 마치 갑자기 별들이 모두 사라지는 것과 같다!
203. 마냐게 양이 그 꼬츨 머그면, 그건 마치 갑짜기 별드리 모두 사라지능 거꽈 가따!

204. 그런데 그것이 중요하지 않나?
204. 그런데 그거시 중요하지 안나?

205. 그 아이는 더 이상 말하지 않았다.
205. 그 아이는 더 이상 마라지 아나따.

206. 갑자기 펑펑 울었다.
206. 갑짜기 펑펑 우러따.

分析练习

195. 그 꽃은 세상에 하나밖에 없는 특별한 꽃이야.

翻译练习

그 꽃은 세상에 하나밖에 없는 특별한 꽃이야.
그 꽃은 세상에 하나밖에 없는 특별한 꽃이야.
그 꽃은 세상에 하나밖에 없는 특별한 꽃이야.
그 꽃은 세상에 하나밖에 없는 특별한 꽃이야.

敬语练习

197. 那你说这不是很重要的事情吗?

（1级敬语）

（2级敬语）

（3级敬语）

（4级敬语）

열아홉 번째 날
第十九天

밤이 되었어요.

저는 공구들을 내려놓았어요.

제 망치도, 비행기도, 갈증도, 죽음도 다 덧없게 느껴졌어요.

하나의 별 위에, 하나의 행성 위에, 나의 지구 위에, 한 어린 왕자가 울고 있었어요!

저는 두 팔로 그 애를 안았어요.

晚上到了。

我放下了手里的工具。

我的锤子, 飞机, 口渴, 生或死, 都不再有任何意义了。

在一个星星上, 在一个星球上, 在我的地球上, 有一个小王子在哭。

我用两个手臂拥抱他。

文章分析

207. 밤이 되었어요.

밤^夜이 되었어요.^{되다 变成}

밤이 되었어요.　变成了
밤이 되었어요.　变成晚上

晚上到了。

208. 저는 공구들을 내려놓았어요.

저^我는 공구^{工具}들^们을 내려놓았어요.^{내려놓다 放下}

저는 공구들을 내려놓았어요.　放下了
저는 공구들을 내려놓았어요.　放下工具了
저는 공구들을 내려놓았어요.　我放下工具了

我放下了手里的工具。

209. 제 망치도, 비행기도, 갈증도, 죽음도 다 덧없게 느껴졌어요.

제^{我的} 망치^{锤子}도^也, 비행기^{飞机}도^也, 갈증^{口渴}도^也, 죽음^{死亡}도^也 다^都 덧없게^{空虚} 느껴졌어요.^{느껴지다感觉}

제 망치도, 비행기도, 갈증도, 죽음도 다 덧없게 느껴졌어요.
感觉是很空虚的
제 망치도, 비행기도, 갈증도, 죽음도 다 덧없게 느껴졌어요.
感觉都是很空虚的
제 망치도, 비행기도, 갈증도, 죽음도 다 덧없게 느껴졌어요.
我的锤子,飞机,口渴,死亡,感觉都是很空虚的
我的锤子,飞机,口渴,生或死,都不再有任何意义了。

210. 하나의 별 위에, 하나의 행성 위에, 나의 지구 위에, 한 어린 왕자가 울고 있었어요!

하나^{一个}의^的 별^{星星} 위^上에^里, 하나^的의 행성^{星球} 위^上에^里,
나^我의^的 지구^{地球} 위^上에^里, 한^{一个} 어린^小 왕자^{王子}가 울고^{울다哭} 있었어요!^{있다在}

하나의 별 위에, 하나의 행성 위에, 나의 지구 위에, 한 어린 왕자가 울고 있었어요!
在哭!
하나의 별 위에, 하나의 행성 위에, 나의 지구 위에, 한 어린 왕자가 울고 있었어요!
一个小王子在哭!
하나의 별 위에, 하나의 행성 위에, 나의 지구 위에, 한 어린 왕자가 울고 있었어요!
在我的地球上, 一个小王子在哭!

하나의 별 위에, 하나의 행성 위에, 나의 지구 위에, 한 어린 왕자가 울고 있었어요!
在一个星球上，在我的地球上，一个小王子在哭！
하나의 별 위에, 하나의 행성 위에, 나의 지구 위에, 한 어린 왕자가 울고 있었어요!
在一个星星上，在一个星球上，在我的地球上，一个小王子在哭！
在一个星星上，在一个星球上，在我的地球上，有一个小王子在哭。

211. 저는 두 팔로 그 애를 안았어요.

저^我는 두^两 팔^{手臂}로^用 그^那 애^{孩子}를 안았어요^{안다拥抱}.

저는 두 팔로 그 애를 안았어요.　　拥抱那个孩子
저는 두 팔로 그 애를 안았어요.　　用两个手臂拥抱那个孩子
저는 두 팔로 그 애를 안았어요.　　我用两个手臂拥抱那个孩子
　　　　　　　　　　　　　　　　我用两个手臂拥抱他。

1级敬语和连读

207. 밤이 되었습니다.
207. 바미 되어씀니다.

208. 나는 공구들을 내려놓았습니다.
208. 나는 공구드를 내려노아씀니다.

209. 제 망치도, 비행기도, 갈증도, 죽음도 다 덧없게 느껴졌습니다.
209. 제 망치도, 비행기도, 갈쯩도, 주금도 다 더덥께 느껴져씀니다.

210. 하나의 별 위에, 하나의 행성 위에, 나의 지구 위에, 한 어린 왕자가 울고 있었습니다!
210. 하나에 별 위에, 하나에 행성 위에, 나에 지구 위에, 한 어리 낭자가 울고 이써씀니다!

211. 저는 두 팔로 그 아이를 안았습니다.
211. 저는 두 팔로 그 아이를 아나씀니다.

2级敬语和连读

207. 밤이 되었어요.
207. 바미 되어써여.

208. 나는 공구들을 내려놓았어요.
208. 나는 공구드를 내려노아써여.

209. 제 망치도, 비행기도, 갈증도, 죽음도 다 덧없게 느껴졌어요.
209. 제 망치도, 비행기도, 갈쯩도, 주금도 다 더덥께 느껴저써요.

210. 하나의 별 위에, 하나의 행성 위에, 나의 지구 위에, 한 어린 왕자가 울고 있었어요!
210. 하나에 별 위에, 하나에 행성 위에, 나에 지구 위에, 하 너린 왕자가 울고 이써써여!

211. 저는 두 팔로 그 애를 안았어요.
211. 저는 두 팔로 그 애를 아나써여.

3级敬语和连读

207. 밤이 되었어.
207. 바미 되어써.

208. 나는 공구들을 내려놓았어.
208. 나는 공구드를 내려노아써.

209. 내 망치도, 비행기도, 갈증도, 죽음도 다 덧없게 느껴졌어.
209. 내 망치도, 비행기도, 갈쯩도, 주금도 다 더덥게 느껴져써.

210. 하나의 별 위에, 하나의 행성 위에, 나의 지구 위에, 한 어린 왕자가 울고 있었어!
210. 하나에 별 위에, 하나에 행성 위에, 나에 지구 위에, 하 너린 왕자가 울고 이써써!

211. 나는 두 팔로 그 애를 안았어.
211. 나는 두 팔로 그 애를 아나써.

4级敬语和连读

207. 밤이 되었다.
207. 바미 되어따.

208. 나는 공구들을 내려놓았다.
208. 나는 공구드를 내려노아따.

209. 내 망치도, 비행기도, 갈증도, 죽음도 다 덧없게 느껴졌다.
209. 내 망치도, 비행기도, 갈쯩도, 주금도 다 더덥께 느껴져따.

210. 하나의 별 위에, 하나의 행성 위에, 나의 지구 위에, 한 어린 왕자가 울고 있었다!
210. 하나에 별 위에, 하나에 행성 위에, 나에 지구 위에, 한 어리 낭자가 울고 이써따!

211. 나는 두 팔로 그 아이를 안았다.
211. 나는 두 팔로 그 아이를 아나따.

分析练习

211. 저는 두 팔로 그 애를 안았어요.

翻译练习

저는 두 팔로 그 애를 안았어요.
저는 두 팔로 그 애를 안았어요.
저는 두 팔로 그 애를 안았어요.

敬语练习

208. 我放下了手里的工具。

（1级敬语）

（2级敬语）

（3级敬语）

（4级敬语）

스무 번째 날
第二十天

그 애한테 말했어요.

"네가 사랑하는 그 꽃은 안 위험해… 내가 덮개를 그려줄게, 너의 꽃을 위해서… 내가…"

저는 무슨 말을 해야 좋을지 몰랐어요. 저 스스로가 되게 서툴다고 느꼈어요.

어떻게 해야 그 애의 마음에 닿을 수 있을지 몰랐어요. 어디서 그 애를 만날 수 있을지….

그건 정말 불가사의했어요. 눈물 속에서.

我对小王子说,

"你所爱的那朵花不危险·· 我给你画一个罩子, 为了你的花, 我…"

我不知道说什么话才好, 我感觉到自己特别笨拙。

不知道该怎么做才能触摸到他的心, 在哪里才可以见到他?

那是真的不可思议的, 在眼泪之处。

文章分析

212. 그 애한테 말했어요.

그^那 애^{孩子}한테^더 말했어요.^{말하다说}

그 애한테 말했어요.　　说
그 애한테 말했어요.　　对那个孩子说
　　　　　　　　　　　　　　　　　我对小王子说,

213. 네가 사랑하는 그 꽃은 안 위험해…

네^你가 사랑하는^{사랑하다爱} 그^那 꽃^花은 안^不 위험해…^{위험하다危险}

네가 사랑하는 그 꽃은 안 위험해…　　不危险
네가 사랑하는 그 꽃은 안 위험해…　　那朵花不危险
네가 사랑하는 그 꽃은 안 위험해…　　爱的那朵花不危险
네가 사랑하는 그 꽃은 안 위험해…　　你所爱的那朵花不危险
　　　　　　　　　　　　　　　　　你所爱的那朵花不危险…

214. 내가 덮개를 그려줄게, 너의 꽃을 위해서…

내^我가 덮개^{罩子}를 그려^{그리다画}줄게,^{주다给} 너^你의^的 꽃^花을 위해서…^{为了}

내가 덮개를 그려줄게, 너의 꽃을 위해서…	为了你的花
내가 덮개를 그려줄게, 너의 꽃을 위해서…	画给你, 为了你的花
내가 덮개를 그려줄게, 너의 꽃을 위해서…	把罩子画给你, 为了你的花
내가 덮개를 그려줄게, 너의 꽃을 위해서…	我把罩子画给你, 为了你的花
	我给你画一个罩子, 为了你的花, 我…

215. 저는 무슨 말을 해야 좋을지 몰랐어요.

저^我는 무슨^{什么} 말^话을 해^{하다做}야^才 좋을지^{좋다好} 몰랐어요.^{모르다不知道}

저는 무슨 말을 해야 좋을지 몰랐어요.	不知道
저는 무슨 말을 해야 좋을지 몰랐어요.	不知道说什么话才好
저는 무슨 말을 해야 좋을지 몰랐어요.	我不知道说什么话才好
	我不知道说什么话才好。

216. 저 스스로가 되게 서툴다고 느꼈어요.

저^我 스스로^自己 가 되게^很 서툴다고^서툴다笨拙 느꼈어요.^느끼다感到

저 스스로가 되게 서툴다고 느꼈어요.	感到笨拙
저 스스로가 되게 서툴다고 느꼈어요.	感到很笨拙
저 스스로가 되게 서툴다고 느꼈어요.	感到自己很笨拙
저 스스로가 되게 서툴다고 느꼈어요.	感到我自己很笨拙
	我感觉到自己特别笨拙。

217. 어떻게 해야 그 애의 마음에 닿을 수 있을지 몰랐어요. 어디서 그 애를 만날 수 있을지….

어떻게^怎么 해^하다做 야^才 그^那 애^孩子 의^的 마음^心 에^里 닿을^닿다触摸 수^办法 있을지^있다有 몰랐어요.^모르다不知道 어디서^哪里 그^那 애^孩子 를 만날^만나다见到 수^办法 있을지….^있다有

어떻게 해야 그 애의 마음에 닿을 수 있을지 몰랐어요. 어디서 그 애를 만날 수 있을지….
　　　　　　　　　　　　　　　　　　可以见到

어떻게 해야 그 애의 마음에 닿을 수 있을지 몰랐어요. 어디서 그 애를 만날 수 있을지….
　　　　　　　　　　　　　　　　　　可以见到那个孩子

어떻게 해야 그 애의 마음에 닿을 수 있을지 몰랐어요. **어디서 그 애를 만날 수 있을지….**
　　　　　　　　　　　　　　　　　　在哪里可以见到那个孩子

어떻게 해야 그 애의 마음에 닿을 수 있을지 몰랐어요. 어디서 그 애를 만날 수 있을지….
不知道,在哪里可以见到那个孩子

어떻게 해야 그 애의 마음에 닿을 수 있을지 몰랐어요. 어디서 그 애를 만날 수 있을지….
不知道可以触摸心,在哪里可以见到那个孩子

어떻게 해야 그 애의 마음에 닿을 수 있을지 몰랐어요. 어디서 그 애를 만날 수 있을지….
不知道可以触摸那个孩子的心,在哪里可以见到那个孩子

어떻게 해야 그 애의 마음에 닿을 수 있을지 몰랐어요. 어디서 그 애를 만날 수 있을지….
不知道怎么做才可以触摸那个孩子的心,在哪里可以见到那个孩子
不知道该怎么做才能触摸到他的心,在哪里才可以见到他?

218. 그건 정말 불가사의했어요. 눈물 속에서.

그건^那 정말^{真的} 불가사의했어요.^{不可思议하다不可思议} 눈물^{眼泪} 속^內에서.^里

그건 정말 불가사의했어요. 눈물 속에서.	在之处
그건 정말 불가사의했어요. 눈물 속에서.	在眼泪之处
그건 정말 불가사의했어요. 눈물 속에서.	是不可思议的, 在眼泪之处
그건 정말 불가사의했어요. 눈물 속에서.	
	是真的不可思议的, 在眼泪之处

그건 정말 불가사의했어요. 눈물 속에서.
那是真的不可思议的, 在眼泪之处
那是真的不可思议的, 在眼泪之处.

스무 번째 날

1级敬语和连读

212. 그 아이에게 말했습니다.
212. 그 아이에게 마래씀니다.

213. 당신이 사랑하는 그 꽃은 안 위험합니다….
213. 당시니 사랑하는 그 꼬츤 아 뉘어맘니다….

214. 제가 덮개를 그려드리겠습니다, 당신의 꽃을 위해서… 제가….
214. 제가 덥깨를 그려드리게씀니다, 당시네 꼬츨 위해서… 제가….

215. 저는 무슨 말을 해야 좋을지 몰랐습니다.
215. 저는 무슨 마를 해야 조을찌 몰라씀니다.

216. 저 스스로가 무척 서툴다고 느꼈습니다.
216. 저 스스로가 무척 서툴다고 느껴씀니다.

217. 어떻게 해야 그 아이의 마음에 닿을 수 있을지 몰랐습니다. 어디서 그 애를 만날 수 있을지…
217. 어떠케 해야 그 아이에 마으메 다을 쑤 이쓸찌 몰라씀니다. 어디서 그 애를 만날 쑤 이쓸찌….

218. 그건 정말 불가사의했습니다. 눈물 속에서.
218. 그건 정말 불가사이했씀니다. 눈물 쏘게서.

2级敬语和连读

212. 그 애한테 말했어요.
212. 그 애안테 마래써여.

213. 당신이 사랑하는 그 꽃은 안 위험해요….
213. 당시니 사랑아는 그 꼬츤 아 뉘어매여….

214. 제가 덮개를 그려줄게요, 당신의 꽃을 위해서… 제가….
214. 제가 덥깨를 그려줄께여, 당시네 꼬츨 위애서… 제가….

215. 저는 무슨 말을 해야 좋을지 몰랐어요.
215. 저는 무슨 마를 해야 조을찌 몰라써여.

216. 저 스스로가 되게 서툴다고 느꼈어요.
216. 저 스스로가 되게 서툴다고 느껴써여.

217. 어떻게 해야 그 애의 마음에 닿을 수 있을지 몰랐어요. 어디서 그 애를 만날 수 있을지….
217. 어떠케 해야 그 애에 마으메 다을 쑤 이쓸찌 몰라써여. 어디서 그 애를 만날 쑤 이쓸찌….

218. 그건 정말 불가사의했어요. 눈물 속에서.
218. 그건 정말 불가사이해써여. 눔물 쏘게서.

3级敬语和连读

212. 그 애한테 말했어.
212. 그 애안테 마래써.

213. 네가 사랑하는 그 꽃은 안 위험해….
213. 네가 사랑아는 그 꼬츤 아 뉘어매….

214. 내가 덮개를 그려줄게, 너의 꽃을 위해서… 내가….
214. 내가 덥깨를 그려줄께, 너에 꼬츨 위애서… 내가….

215. 나는 무슨 말을 해야 좋을지 몰랐어.
215. 나는 무슨 마를 해야 조을찌 몰라써.

216. 나 스스로가 되게 서툴다고 느꼈어.
216. 나 스스로가 되게 서툴다고 느껴써.

217. 어떻게 해야 그 애의 마음에 닿을 수 있을지 몰랐어. 어디서 그 애를 만날 수 있을지….
217. 어떠케 해야 그 애에 마으메 다을 쑤 이쓸찌 몰라써. 어디서 그 애를 만날 쑤 이쓸찌….

218. 그건 정말 불가사의했어. 눈물 속에서.
218. 그건 정말 불가사이해써. 눔물 쏘게서.

4级敬语和连读

212. 그 아이에게 말했다.
212. 그 아이에게 마래따.

213. 네가 사랑하는 그 꽃은 안 위험하다….
213. 네가 사랑하는 그 꼬츤 아 뉘어마다….

214. 내가 덮개를 그려주겠다, 너의 꽃을 위해서…. 내가….
214. 내가 덥깨를 그려주게따, 너에 꼬츨 위해서…. 내가….

215. 나는 무슨 말을 해야 좋을지 몰랐다.
215. 나는 무슨 마를 해야 좋을찌 몰라따.

216. 나 스스로가 무척 서툴다고 느꼈다.
216. 나 스스로가 무척 서툴다고 느껴따.

217. 어떻게 해야 그 아이의 마음에 닿을 수 있을지 몰랐다. 어디서 그 애를 만날 수 있을지….
217. 어떠케 해야 그 아이에 마으메 다을 쑤 이쓸찌 몰라따. 어디서 그 애를 만날 쑤 이쓸찌….

218. 그건 정말 불가사의했다. 눈물 속에서.
218. 그건 정말 불가사이해따. 눈물 쏘게서.

分析练习

215. 저는 무슨 말을 해야 좋을지 몰랐어요.

翻译练习

저는 무슨 말을 해야 좋을지 몰랐어요.
저는 무슨 말을 해야 좋을지 몰랐어요.
저는 무슨 말을 해야 좋을지 몰랐어요.

敬语练习

214. 我给你画一个罩子，为了你的花，我…

（1级敬语）

（2级敬语）

（3级敬语）

（4级敬语）

부록
동사변화 动词变形

시제 时态

	경험 经验	과거 过去	현재 现在	진행 正在进行时	미래 将来
하다 做	했었다	했다	한다	하고 있다	할 것이다
알다 知道	알았었다	알았다	안다	알고 있다	알 것이다
먹다 吃	먹었었다	먹었다	먹는다	먹고 있다	먹을 것이다
돕다 帮助	도왔었다	도왔다	돕는다	돕고 있다	도울 것이다
듣다 听	들었었다	들었다	듣는다	듣고 있다	들을 것이다

보조용언 辅助谓语

	하다 做	알다 知道	먹다 吃	돕다 帮助	듣다 听
~지 않다 不, 不是	하지 않다	모르다	먹지 않다	돕지 않다	듣지 않다
~게 하다 使, 让	하게 하다	알게 하다	먹게 하다	돕게 하다	듣게 하다
~게 되다 变得	하게 되다	알게 되다	먹게 되다	돕게 되다	듣게 되다
~고 싶다 想	하고 싶다	알고 싶다	먹고 싶다	돕고 싶다	듣고 싶다
~보다 尝试	해 보다	알아 보다	먹어 보다	도와 보다	들어 보다
~주다 给	해 주다	알아 주다	먹어 주다	도와 주다	들어 주다
~야 한다 得, 应该	해야 한다	알아야 한다	먹어야 한다	도와야 한다	들어야 한다
~수 있다 可以, 能	할 수 있다	알 수 있다	먹을 수 있다	도울 수 있다	들을 수 있다
~수 없다 不可以, 不能	할 수 없다	알 수 없다	먹을 수 없다	도울 수 없다	들을 수 없다